JN114913

やっぱり 経済学はおもしろい！

──高校の勉強ってどう役立つの？──

中央大学経済学部 編

中央大学出版部

目　次

「やっぱり経済学は
おもしろい!」って
いわれても…

1. そもそも経済学なんて知らんがな

　本書は、高校生のために書かれた経済学の本です。

　でも、高校生からすれば、本書のタイトルのように「やっぱり経済学はおもしろい！」なんていわれても、「そもそも経済学なんて知らんがな」でしょうね。

　高校生のみなさんに「経済学って何ですか？」と聞くと、まず出てくる答えが、お金や株のことというものです。あるいは、高校の政経の授業を思い出し、経済学は、政治・経済の延長線上にあるもので、なかでも経済をより専門的に勉強するもの、と考えている人も多いでしょう。そして、なかには高校の先生から「経済学を学ぶには数学ができないといけないのだ」と、脅かされている人もいるようです。

　　・お金や株のこと

　　・政経の経のほう

　　・数学を使った学問

　あなたはこの3つのうちの、どれが経済学をいちばんよく表していると思いますか。じつは、このどれもが間違っているわけではありませんが、どれも充分な説明とはいえません。

　経済学は、たしかにお金のことを学びます。しかし、単にお金のことやお金の儲け方を学ぶわけではなく、お金とは何で、社会のなかでどのような仕組みで回っているのか、ということを、広く、総合的に学びます。ですから、政経だけ、数学だけ

がとくに重要というわけではなく、経済学の勉強には、高校までのすべての教科の学びが重要なのです。

　さまざまな分野のことを広く知っていくと、経済学がわかるようになります。私たちはこのメッセージを明確にするために、高校で学ぶすべての教科のコラムを用意しました。こんなにも多くの視点から経済学をみることができるということを、楽しんでいただけるのではないかと思います。

　では、「経済学って何ですか？」という問いに対する答えです。

　まず、経済学や経済という単語を、国語辞典やGoogleで調べてみてください。そうすると、いくつもの違った答えが出てくることがわかります。じつは、このことそのものが、大学で学ぶ経済学の特徴の1つだといえるのです。つまり、答えは1つではないのです。

　高校までの勉強は、多くの場合、答えが1つで正しい答えを覚えることが勉強だったのではないでしょうか。大学からの勉強は、そうではありません。1つだけある正解を覚えるのではなく、社会のなかのさまざまなことがらを、経済学的な考え方で分析することこそが、重要なのです。つまり、政経の授業で取り扱われるような経済現象を学ぶのが経済学だともいえますが、経済学的な考え方・ものの見方をもって対象を分析するのが経済学だともいえるのです。

2. 吉野家のたまごは高い？

　では、経済学的な考え方・ものの見方とはどのようなものなのでしょうか。ここでは、「吉野家のたまごは高い？」という問いをつうじて、この点を考えてみましょう。

　吉野家という牛丼チェーンを知っていますか。牛丼を食べるときに、一緒にたまごを頼む人も多いかもしれません。そのたまごは、2023年5月1日現在、96円です。一般に、たまごの価格は、鳥インフルエンザなどの影響で高騰すると250円を超えることもありますが、近所のスーパーで買えば、大体1パック200円程度ですから、1個20円ぐらいです。

　このとき、吉野家のたまごは高いですか？　みなさんなら、どう答えますか？

　私が授業でアンケートをとると、だいたい7割前後の参加者が、吉野家のたまごは高いと回答します。おそらく、みなさんのなかでも「20円と96円を比べれば、96円が高いに決まっている！」と思う人が多いのではないでしょうか。

　でも、経済学では、そのように単純には考えません。

■ 経済学で習う「機会費用」って何？

　経済学部の1年生が最初に習う経済学の基本概念に、**機会費用**というものがあります。

　「機会費用」は、簡単にいえば、選ばなかったもののなかで一番よいもの、のことです。もう1つの世界線をイメージしてもらえばよいかもしれません。

　たとえばAとBという2つの選択肢があった場合、Aを選ん

だらBが機会費用になり、B
を選んだらAが機会費用で
す。つまり、Aを選んだ場合
は、Bを選択しないという機
会費用を払って、Aを選択し
たと考えるのです。次のクイ
ズでこの点を具体的に考えて
みましょう。

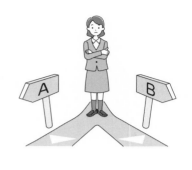

【クイズ】日給1万円のアルバイトに寝坊して、そのまま1
　　　　　日寝て過ごしました。この場合の機会費用はいく
　　　　　らでしょう?

　アルバイトに行けば1万円が手に入ったはずです。しか
し、実際には寝坊して、そのまま1日を寝て過ごして1円も
手に入れることはできませんでした。このケースでは、同じ1
日の使い方に2つの選択肢があったと考えることができます。

　　選択肢A……アルバイトに行って1万円を手に入れる
　　選択肢B……1日寝て過ごし1円も手にできない

　この選択肢Aと選択肢Bを同時におこなうことはできませ
ん(このことを**トレードオフ**といいます)。ということは、アルバイ
トに行って1万円を稼ぐ、という機会費用を払って、1日寝て
過ごした。つまり、日給1万円が機会費用です。実際には1
日を寝て過ごして、1円も手に入れていないのですが、この1

日には1万円の機会費用がかかっている、つまり寝て過ごした1日には最低1万円の価値があったと考えるのが、機会費用の考え方です。

このように、機会費用の概念は、選ばなかったものに、あえて焦点を当てることで、選んだものの価値を改めて考える方法、ということができそうです。

■ 吉野家のたまごを「機会費用」で考える

では、吉野家のたまごの問題を、機会費用の概念を使って考えてみましょう。

吉野家のたまごは高いので、安いスーパーにたまごを買いに行けば、安く済みますよね。そこで、徒歩2分のところにあるスーパーでたまごを買う、を選択肢A、吉野家でたまごを頼む、を選択肢Bとします。ここでは、なにごとにも機会費用がかかる、つまり買い物にいくのもタダではないと考えるのです。たまごを買いに行く時間、アルバイトをしたら、と考えてみるのです。もしあなたがアルバイトをしたら、たまごを買いに行くことはできません。同時に2つのことを達成することはできない（トレードオフに直面している）のですから。

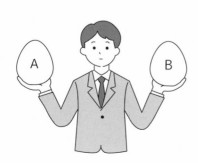

では、実際に計算してみましょう。まず、アルバイト代です。最新データによれば、東京都の最低賃金は時給1072円で、1分あたりだと17.9円となります。つまり、1分働けば、17.9円稼げます。

次に、買い物に行くことの機会費用を計算してみます。徒歩2分のスーパーですから、往復で4分、スーパーのなかでたまご売り場をみつけて、レジに並んで会計する時間を2分と見積もれば、この買い物は6分かかることになります。1個20円のたまごを手に入れるために、6分×17.9円＝107.4円かかる、つまり、この買い物には、107.4円の機会費用がかかっている、ということができます。

以上の計算をまとめたものが次の表1です。

表1　吉野家のたまごは高い？

	たまご代	機会費用	たまご代＋機会費用
選択肢A （スーパーにたまごを買いに行く）	20円	107.4円	127.4円
選択肢B （吉野家でたまごを頼む）	96円	0円	96円

選択肢Aは、たまごそのものはスーパーで買った1個20円のものですが、その安いたまごを手に入れるための機会費用が107.4円かかっていると考えられるので、合計127.4円となります。

他方、選択肢Bは、機会費用はゼロと考えられますので、吉野家で注文したたまご代96円のみとなります。

このように考えると、たまご代と機会費用を足した総費用は、スーパーの安いたまごが、127.4円であるのに対して、吉野家のたまごは、96円となり、吉野家でたまごを注文したほうがお得ということになります。

一見、1個96円の吉野家のたまごは高そうにみえますが、経済学の機会費用という概念を使って考えてみると、じつは吉野家のたまごは決して高いものではない、ということがわかりま

す。

3. 大学で遊ぶことの機会費用

　多くの高校生は、よい大学とは偏差値が高い大学のことで、そこを卒業すればよい会社に就職して、よいお給料をもらうことができる、と考えているのではないかと思います。ですが、ここでは、そういった観点ではなく、大学入学後に学ばずに遊ぶことの機会費用について考えてみたいと思います。

　まず、22歳で大学を卒業して就職し、60歳まで38年間働く、と単純に仮定しましょう。そのとき、いくつかのモデルケースを考え、それぞれの生涯年収を単純計算してみます。

　最新のデータによれば、民間企業に勤める人の平均年収は443万円です。この年収が38年間続くとすれば、生涯賃金は1億6834万円となります。

　しかし、もしも大学でしっかりと学ぶべきことを学び、国家資格を取得したり、大企業に認められるような確固たる実力をつけたとします。すると、その人の年収は、700万にも1000万にもなるかもしれません。

　このように考えてみると、年収が平均して700万円の人の生涯賃金は2億6600万円、1000万円の人の生涯賃金は、3億

表2　大学で学ばずに遊ぶことの機会費用

年収	生涯年収	平均年収との差
443万円 （平均年収）	1億6834万円	―
700万円	2億6600万円	9766万円
1000万円	3億8000万円	2億1166万円

8000万円にもなるのです。

　これらの数字は、表2にまとめてあるとおりですが、年収700万円の人と、443万円（＝民間企業に勤める人の平均年収）の人との生涯賃金の差は、9766万円となります。同様に、年収1000万円の人との差は、2億1166万円です。

　このようにみれば、年収443万円と年収1000万円なら、2億円以上の生涯賃金の差ができると考えられることがわかります。つまり、大学入学後の過ごし方には、1億〜2億円の機会費用が存在すると考えられるのです。

4. 経済学で広がるキミの世界

　大学1年生向けの授業でこの話をすると、だいたい「受験勉強から解放されて、大学で4年間遊ぼうと思っていたのに…」といった反応と、「改めて大学でしか学べないことを学ぼうと思った」といった反応に二分されます。いうまでもなく、4年間の大学での過ごし方について、私や大学が強制することはなく、それはまったくのみなさんの自由です。

■「吉野家のたまごは高い？」は単純には答えられない

　大学での学びを考えるに当たって、もう一度、吉野家のたまごの話をします。

　そこで得られた答えは、機会費用を考えれば、吉野家のたまごは決して高いものではない、というものでした。では、学びとは、それを暗記することでしょうか。たしかに、大学でも暗記をすれば、単位をとって、大卒の資格を得ることは可能かも

しれません。ですが、そうした学び方は、大学で学ぶべき学び
とはいえません。大学で学ぶ経済学がおもしろいのはここから
なのですから。

　吉野家のたまごの例でいえば、じつは、文章中では触れな
かったさまざまな前提や仮定がありました。たとえば、実際に
は吉野家にスーパーのたまごを持ち込めるわけではないので、
単純に比較できるわけではありません。また、6分の買い物時
間はどうでしょう？　みなさんが知っている吉野家の近くに、
都合よく徒歩2分のスーパーがあるでしょうか。機会費用の
計算は、このようなさまざまな前提や仮定のもとにおこないま
す。

　スーパーがもう少し近かったら。遠かったら。あるいは、今
回は東京都の最低賃金で考えましたが、みなさんが住んでいる
道府県の最低賃金で考えたらどうでしょう。これらの仮定を変
えれば、機会費用の計算結果が変わることは明らかです。

　あるいは、そもそも牛丼にたまごを付けません、という人な
らどうでしょう。アレルギーなどで、たまごを食べられない人
ならどうでしょう。ここでの議論はそういう人ではない、とい
う暗黙の前提を置いていました。

　「そもそも、6分間だけアルバイトなんかできないのでは？」
という疑問も生まれるでしょうから、それについて考えてみる
のもおもしろいと思います。実際に、私が担当している授業で
は、このようなコメントがあり、グループワークで「このコメ
ントをした人をどう説得しますか？」という課題で議論しまし
た。

■ 経済学を学ぶおもしろさ

　大学で経済学を学ぶ意義やおもしろさは、じつはここにあると私は思っています。高校までの学びは、正解が1つであることが多いでしょう。しかも、先生がその答えを知っていて、それを教えてくれるのが先生です。しかし、大学では、多くの場合、そうではありません。

　たとえば、先の「吉野家のたまごは高い？」という問いも、さまざまな前提・仮定を変えれば、答えは変わります。ですから、どのような前提・仮定がその結論をもたらしているのかを考えることこそが、大切なのです。このような考え方を、経済学を通して学んでください。

　また、大学できちんと学ばず遊ぶことの機会費用は1億〜2億円と計算しました。みなさんは、それを高いと思いましたか。安いと思いましたか。実際には、多くの高校生が高いと思ったのではないかと思いますが、経済学がおもしろいのは、これを高いとも安いともいわない、ということです。

　高い安いすらも、先ほどお話しした、さまざまな前提・仮定

によって変わります。たとえばあなたが石油王の子として生まれていたら、2億円はたいした額ではないでしょう。また、「機会費用が2億なら、大学在学中に2億円の価値がある遊びをしなければ損!」と考える強者もいるかもしれません。

　経済学は、直接的にはあなたにお説教をしてくることはありません。経済学的な考え方を手に入れた先で、よい悪いを決めるのは、あなたです。経済学の考え方を身につけて、自分だけが得するような生き方をする人も少なからずいます。その一方で、少子高齢化や地球環境問題などについて、どのような前提と仮定を置けば、社会全体がよくなるかをしっかり考えて実践していける人に、あなたがなる可能性もあるのです。そう思うと、ワクワクしてきませんか?

　この本は、あなたが読み終わったころに「やっぱり経済学はおもしろい!」、「高校の勉強ってこう役立つのか!」と思えるように、高校の先生と大学の先生がタッグを組んで、さまざまな工夫を凝らして書きました。本書をつうじて経済学を学ぶことで、あなたが何を得て、何につなげることができるのか。私たちは、それを楽しみにしています。

(武田　勝)

教科コラム① ［国語］ 国語を学ぶ意義

　「文学系に進むわけでもないのに、なぜ国語をこんなに学ぶ必要があるんですか？」　こういった質問をよく受けます。テスト後なら不満や言い訳として。日常のひとコマなら本人なりに考えた意見として。

　たしかに、国語は図表から昔の中国語まで扱っており、何をやるのか他教科と比べてつかみづらい。これでは国語を学ぶ意義もつかみづらく、ましてや、経済学を勉強するのに不要なのでは、と考えられても仕方がないかもしれません。

　国語では、ことばを手がかりに、書き手や登場人物の考えや気持ち、さらには作品世界を解釈しようとします。価値観の異なる他人や過去の自分や、世界の解釈の訓練の場といってもよいでしょう。また国語では、自分の気持ちや解釈をことばで表現しようともします。自己表現の訓練の場といってもよいでしょう。

　もちろん、他人や自分や世界を"正確に"解釈することはいくつになっても難しい。また、自分の気持ちや解釈を"正確に"表現しようとしても、日々変化する自分を言語化してひとつの構造をもった世界として表現することは、プロの文筆家でも大変なこと。でも、だからこそ、国語という教科で【他者解釈と自己表現】の訓練を積み、いまのあなたの世界を、少しでも深めたり広げたり構造化したりして欲しいと思います。

　さて、冒頭の問いを改めて考えてみましょう。経済学は経済の仕組みを考察する学問ですが、その根底にあるのは人の活動です。【他者解釈と自己表現】の訓練は、経済学でテーマとして取り上げている状況や人間を分析し、考察するために役立つはずです。【対象を解釈・表現してみずからの考えを深め、その考えをもとにさらに対象を解釈する】、この積み重ねという点で国語と経済学は通底しています。文学系に進まなくても、国語をこんなに学ぶ必要があるのです。

（増川　明彦）

第 1 章

SNSから企業や経済を
考えてみよう

1. 私たちの生活と SNS

みなさんは SNS の正式な名称を知っていますか。SNS は、Social Network Service（ソーシャル・ネットワーク・サービス）の略です。ただ一口に SNS といっても、いろいろなサービスがありますね。Facebook や Instagram は写真の共有、YouTube や TikTok は動画の共有が中心です。Twitter はつぶやき、つまり独り言に近いショートメッセージを共有するものです。そして LINE は個人やグループに対するコミュニケーション手段です。

図1をみてください。これは日本の内閣府が 2022 年に実施したアンケート調査の結果です。高校生のなかでインターネットを利用している割合は 99.2％、スマートフォンを利用している割合は 97.7％ になっています。スマートフォンを利用している高校生のうち、おそらく多くの人が SNS を利用してい

図1　高校生のインターネット利用率（機器別）

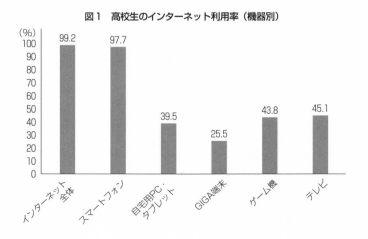

ると思われますので、SNS はやはりみなさんの日常にとって当たり前の存在になっていることが想像できます。この章では、みなさんにとってなじみ深い SNS を手がかりに、企業や経済のことを考えていきましょう。

2. SNS のネットワーク効果

いろいろな種類がある SNS ですが、すべてに共通なのは「多くの人とつながることができる」という点です。たとえば Facebook の友だちの数や Instagram のフォロワー数は、人とのつながりの数を表しています。SNS とは、名前のとおり「社会的なつながりを提供するサービス」といえるのです。またみなさんが SNS でつながる人は、かならずしも知り合いであるとは限りません。SNS では、そうした友だちではない人ともボタン１つ（タップ１回）でつながることができます。そこに SNS の気軽さ、便利さ、そして怖さがあるのです。

SNS の便利さを利用した事例を紹介しましょう。私の自宅近くに、個人経営のレストランがあります。レストランのホームページはありません。でも Facebook のアカウントはもっています。そしてそこでお店の宣伝をしているのです。Facebook のアカウントは無料で取得できますし、お料理の写真も載せることができます。今のところフォロワー数は 1000 人程度ですが、地元密着型のレストランであれば、これで十分な宣伝効果が得られるのだと思います。

もう1つ、別の事例をあげましょう。2011年3月11日に東日本大震災が発生しました。私は地震発生時、都内の霞が関で会議に参加していたのですが、公共交通機関がすべてストップしてしまい、自宅まで徒歩で帰るしかありませんでした。都内でも相応の被害が出ているようだったので、自宅までの経路周辺の様子を知りたかったのですが、このときに役に立ったのがTwitterでした。「＃○○駅」や「＃△△街道」で検索すると、その界隈にいる人たちがリアルタイムでそのときの様子を投稿してくれており、帰路周辺の様子がわかったのです。

　以上の事例は、いずれもSNSのつながりを活用したものです。つながりがもたらす効果のことを専門用語では**ネットワーク効果**といいます。SNSが便利なのは、SNSがもつネットワーク効果にあるのです。ここでこのネットワーク効果について、もう少し立ち入って考えてみましょう。

　たとえばみなさんがLINEを利用する際は、いろいろな人とメッセージの交換をしたいというのが動機になりますね。日本の場合、メッセージの交換手段としてはLINEの利用者数がもっとも多いので、自分がLINEのアカウントをもっていれば

（相手が自分とLINEの友だちになるという前提はありますが）、もっとも多くの人とメッセージのやりとりができるということになります。

　このことをもう少し経済学的に表現すると、「いくつかあるメッセージの交換手段のなかでは、利用者にとってLINEの効用が一番

大きい」ということになります。**効用**は価値といいかえてもかまいません。SNS は利用者の数が増えれば増えるほど、個々の利用者にとっての効用（価値）が大きくなるということになります。これがネットワーク効果の本質です。

　このような SNS のネットワーク効果を利用しているのは、私たち個人や小さなレストランだけではありません。大手企業も、広告宣伝に SNS を積極的に利用するようになっています。もちろん大手企業は、テレビや新聞などのマス・メディアで大規模な広告を打つお金をもっています。しかし今では、とくに若い人たちを中心に既存のマス・メディア離れが生じているので、大手企業は SNS を利用した広告も利用するようになっています。たとえば YouTube に広告をはさんだり、Facebook や Instagram に公式サイトを開設したりして、自社の商品やサービスをアピールしているのです。

3.　米国企業のプラットフォームビジネス

　私たちの生活にすでに浸透している SNS ですが、考えてみると日本企業が開発した SNS が少ないですね。Facebook は米国人のマーク・ザッカーバーグが学生時代に友人と立ち上げたサービスです。Instagram も米国で始まったサービスで、2012 年には Facebook 社（2021 年 10 月 28 日に、Facebook 社はメタ・プラットフォームズに社名を変更しました。メタとはメタバース（Metaverse：コンピューターのなかに構築された 3 次元の仮想空間）のメタです。）に買収されました。YouTube も米国で始まったサービスで、こちらは2006 年に Google 社（2015 年 8 月、持株会社「Alphabet」が設立され、

Google は同社の傘下となりました。）に買収されています。Twitter も米国で始まったサービスです。2022 年には電気自動車メーカー、テスラの創業者であるイーロン・マスクが同社を買収したことで話題になりました。一方、TikTok は中国の会社が始めたサービスです。そして LINE がよく使われる SNS のなかで、唯一日本の会社によって開発されたサービスといえます。ただ LINE の場合も、開発のもとをたどれば韓国の会社になるという見方もあるようで、100％純粋な日本製とはいえなさそうです。いずれにせよ、SNS の世界では米国から始まったサービスが多いことがわかります。

　SNS に限らず、コンピューター、スマートフォン、インターネットの世界では、米国企業の存在感が大きくなっています。みなさんは GAFAM（ガーファム）という言葉を聞いたことがありますでしょうか。GAFAM とは、Google、Apple、Facebook、Amazon、Microsoft の頭文字をとったものです。Google は検索エンジンでシェアが高く、Android という OS（オペレーションシステム）でも有名です。また、今では YouTube も Google のサービスの 1 つです。Apple はスマートフォン（iPhone）、タブレット（iPad）、コンピューター（iMac）が有名ですし、音楽ソフトを管理する iTunes も Apple が開発したものです。Facebook はすでに説明しましたが、SNS の先駆けといえます。Amazon はオンラインショッピングのサイトとして有名です。Microsoft はパソコンの OS である Windows を販売している会社としてなじみ深いでしょう。最近ではクラウドコンピューティング（インターネット上のコンピューターネットワークを経由してさまざまなサービスを提供することを指します。）の分野でも成長しています。

GAFAMは、なぜこれだけ大きな存在感を示しているのでしょうか。それぞれのビジネスは異なりますが、GAFAMには1つの共通点があるのです。それは、「GAFAMがプラットフォーマーだ」ということです。プラットフォーマーとは、プラットフォーム＝場所を提供する企業のことです。

　たとえば、Amazonではいろいろなものを購入することができますが、そこで売っている商品は基本的にAmazonが生産したものではありません。つまりAmazonは買い手と売り手に対して商品の売買の場所を提供しているのです。SNSのサービスもプラットフォーム＝場所を提供しています。Facebook、Instagram、YouTube、Twitter、TikTokはいずれも投稿の場所を提供しています。そこには投稿をする人と投稿をみる人が集まります。そしてその人数が多くなればなるほど、企業にとってはその場所に広告を打つ効果が出てくるのです。おもなSNSのなかでは、LINEだけ少し性格が異なるようにもみえます。LINEのメッセージアプリは無料なので多くの人が利用していますが、スタンプは有料のものもあります。また、LINEの利用者のなかにはLINE GAMEやLINE MUSICといった有料サービスの利用に流れる人もいます。このように基本サービスは無料とし、多くの利用者を集めて有料サービスに誘導していくやり方はゲームソフトなどにもみられますが、これも利用者と自社の有料サービスを結びつける場所の提供という意味では、プラットフォームといえるでしょう。

　プラットフォーマーの最大の利点は、先ほど説明したネットワーク効果をおおいに享受できることです。プラットフォーマーの提供する場所の参加者が増えれば増えるほど、その恩恵

は参加者だけでなく、そこに広告を打つ企業にも及びますし、プラットフォーマー自身の売り上げや利益の増大にもつながっていきます。米国企業はネットワーク効果を利用したプラットフォームビジネスの特徴を理解し、それをインターネットの世界で先駆けて展開していったのです。

4. なぜ米国から始まったSNSが多いの？日本からの可能性は？

では、なぜ米国企業は魅力的なSNSを開発して、プラットフォームビジネスをいち早く展開することができたのでしょうか。その理由を考えるためには、Facebook、Instagram、YouTube、Twitterといった代表的なSNSの誕生した場所がヒントになります。これらのSNSは、すべて米国の西海岸に位置するカリフォルニア州で誕生しています。このカリフォルニア州の北部はシリコンバレーと呼ばれていて、ICT（Information and Communication Technology：情報通信技術）関係の企業が集中しているところです。ここにはGoogleやAppleの本社が置かれていますし、電気自動車で有名なテスラの本社もあります。

シリコンバレーのシリコンとは半導体の材料の1つですが、半導体はICT関連産業にとってもっとも大事な部品です。半導体はコンピューター、スマートフォン、インターネットに関係するビジネスの象徴的な存在といえます。したがって、このエリアをシリコンバレーと呼ぶわけです。なおバレーとは谷を意味しますが、ここでは一帯くらいの意味でとらえてよいでしょう。

シリコンバレーには、コンピューターやインターネットにかかわる最先端の企業や技術が集まっています。このように特定の産業にかかわる企業や技術が集中していることを**産業集積**といいます。シリコンバレーには、ICT産業の集積があるのです。当然、そこには世界各地から優秀な技術者も集まります。そして彼らのなかには、革新的なアイディアをもとに、新しいビジネスを立ち上げる人も大勢います。これがいわゆる「ベンチャービジネス」です。シリコンバレーはベンチャービジネスの聖地といわれています。もちろんすべてのベンチャービジネスが成功するわけではありませんが、Facebook、Instagram、YouTube、Twitterはベンチャービジネスが大成功した事例といえるのです。

シリコンバレーには、ベンチャービジネスに必要なお金を供給するスポンサー（ベンチャーキャピタル）が豊富に存在しています。また、仮に失敗したとしても、再びチャレンジすることを許容する土壌がシリコンバレーにはあるといわれています。シリコンバレーのこのような環境が、魅力的なSNSを生み出す原動力になったのだと考えられます。

ひるがえって、日本はなぜ同じようなことができなかったのでしょうか。背景には、日本と米国の企業社会の違いがあります。たとえば転職は、米国では当たり前のことですが、日本では米国ほど当たり前のことではありません。また、給料の決め

方も日本企業は年功（年齢や1つの会社における在籍年数の長さ）を
かなり考慮するのに対して、米国企業は仕事の成果を中心に決
めています（成果主義）。簡単にいえば、日本の企業社会は安定
を重視するのに対し、米国の企業社会は変革を重視するという
ことです。もちろんそれぞれに良い点と悪い点があり、どちら
かが絶対的に正しいということではありません。しかし、SNS
のような新しいビジネスのアイディアを生み出す環境として
は、変革を重視する米国の企業社会のほうが向いていたという
ことはいえそうです。

　そうすると日本からは、今後も新しいビジネスのアイディア
は出ないということでしょうか。じつは近年、日本の企業社会
は変わりつつあります。先ほど、米国と比べて日本では転職が
当たり前ではないといいましたが、10年前と比べると日本でも
転職する人は増えています。また、給料の決め方も仕事の成果
をより重視する方向に変わっています。そして日本政府も、こ
うした企業社会の変化を後押しするような政策を展開していま
す。このように日本でも、新しいビジネスのアイディアが生み
出される環境は少しずつ整い始めています。

　ただし新しいビジネスのアイディアは、環境だけに左右され
るわけではありません。もっとも大切なのは、そこで働く人た
ちの大胆な発想力と行動力です。それもとくに若い人たちで
す。マーク・ザッカーバーグは、弱冠20歳のときにFacebook
を立ち上げました。近い将来、日本から革新的なビジネスのア
イディアが生まれるかどうかは、まさにこの本を読んでいる若
いみなさんたちにかかっているのです。

（赤羽　淳）

教科コラム② ［家庭］ 生活を見つめ直す

　みなさんは、毎日どんな生活をしていますか。意識していない人も多いかもしれませんが、おそらく多くの方が、3回程度食事をして、服を着替え、入浴や排泄をし、洗濯をし、食器を洗ったり新たに食材を購入したりし、部屋も時々掃除して、一定の時間の睡眠をとっていることでしょう。家庭科は、このような当たり前の生活を見つめ直し、生活の中から社会と自分とのつながりや課題を見つけ、よりよい未来に向けて考え行動する科目です。

　例として、昼食に何を食べるかについて考えてみましょう。お弁当の人、外食の人などいるかと思いますが、もしコンビニで昼食を買うという選択をした場合、何を選びますか。おにぎり、サンドイッチ、弁当、菓子パンなどたくさんの食べ物が並んでいます。見た目や値段、栄養素のバランス、カロリーなどをチェックする人が多いかもしれません。それ以外にも、食品添加物、アレルギー食材、遺伝子組み換え食品、動物性食品の有無、原産地、生産者、輸送時のCO_2排出量、パッケージ素材、環境負荷、宣伝広告、メーカー名など…さまざまな視点で商品を選択することができます。一方、最新のデータによれば、世界では8億人以上の人が十分な食料をもたず、10人に1人の子どもが児童労働をしており、日本では522万トンの食品ロスが発生し、人口1人あたりのプラスチックゴミ排出量は世界第2位といわれています。このような世界的課題はほんの1例ですが、自分と無関係ではありません。先ほどの昼食の選択肢には、過酷な労働環境で得た原材料を用いた商品があるかもしれません、また、多くの人がプラスチックのパッケージを毎日購入し廃棄していたら、問題は解決できないでしょう。一方、1人でも自分の行動や選択を改めるようになれば小さな変化が生まれます。このようにみなさんの生活が社会全体とつながっています。

　これから生活について振り返ってみませんか。

（齋藤　和可子）

第 2 章

「コロナで国民全員に10万円!?」を考えてみよう

1.　お金持ちにも10万円を配るの？

　2020年に世界を襲ったコロナウィルスの影響は、さまざま
な面でみられました。高校生のみなさんも、2020年を振り返っ
てみると、オンライン授業になったり、修学旅行をはじめとし
た学校行事が中止になったり、さまざまな影響があったと思い
ます。もちろん、経済に対しても大きな影響があり、さまざま
な観点から論じることができますが、ここでは、コロナ対策と
して2020年に実施された、国民1人あたり10万円の給付金
政策（特別定額給付金）について考えてみたいと思います。これ
は、私が実際に経済学部1年生向けの「経済入門」という講
義でおこなった内容の一部です（なお、この「経済入門」の講義は
高校生も科目等履修生として無料でオンラインでも受講できます）。

　さて、この一律10万円給付という政策には、お金持ちにも
同じ10万円を配るのは不公平ではないか、高所得者が得をし
ているのではないか、という批判もありました。この章では、
この批判が本当に妥当なのかどうか、みなさんといっしょに考
えていきたいと思います。

2. 「お金持ちにも10万円？」を 経済学で考える

　では、「お金持ちにも10万円？」という批判に対して、大学で学ぶ経済学的な視点から考えてみたいと思います。経済学といっても、さまざまな観点がありえますが、ここでは、経済学部1年生が最初に習う専門用語の1つである**効用**に着目してみましょう。

　経済学では、モノやサービスから得られる満足度のことを「効用」といいます。経済学を知らないみなさんは、効用と聞いたら、薬などの効きめのことをイメージすると思いますが、経済学では違います。ジュースを飲んだらのどの渇きが癒される、グミを食べたらおいしい、K-Popを聴いたらテンションが上がる、ネズミの国で遊んだら楽しい…。経済学では、これらのモノやサービスから満足を得ることを「効用を得る」、と表現します。

　今回は、コロナ対策として10万円が給付されました。いまこの10万円から私たちは効用を得る、と考えてみましょう。その場合、同じ10万円から得られる効用は、誰にとっても同じでしょうか。所得が高い人と低い人では、このもらった10万円に対する効用は、違うかもしれません。このことを検証するために、経済学では**効用関数**というモデルを使って分析します。

　経済学では、図1のような効用関数①が、一般的なモデルとして使われています。

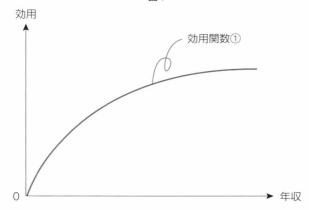

図1

効用

効用関数①

0 　年収

　では、みなさんは大学に入っても、この効用関数①を覚えれ
ばよいのでしょうか。この効用関数①を使って、「お金持ちに
も10万円？」の具体的な分析に入る前に、この点について、
いっしょに考えてみましょう。

■ さまざまなモデルを仮定してみると…

　図1で挙げたモデルと比較するために、他のモデルもいく
つか考えてみます。

　まずは、図2をみてください。この図にある効用関数②
は、次のようなことを示しています。

　たとえば、年収200万円の人が10万円をもらって210万円
になったときの効用の増加分をⒶ、年収1000万円の人が1010
万円になったときの効用の増加分をⒷとします。図2のよう
な効用関数②を仮定した場合は、Ⓐ＝Ⓑです。

図2

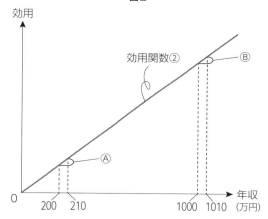

つまり、もしあなたが、所得が高くても低くても10万円の満足度＝効用は全く変わることはない、と考えるなら、効用関数②のようなモデルを描くことができる、ということです。

次に、図3をみてみましょう。こちらのモデル（効用関数③）は、NETFLIXの人気ドラマ、「イカゲーム」のような世界を表しているといえます。

イカゲームには、巨額の借金にあえぐ貧しい人々が出てきます。借金の額があまりにも大きいので、10万円をもらったとしても焼け石に水で、大きな効用を得ることはできないでしょう。ここが、図3のⒶの部分です。

また、このドラマには、同時に超超超大金持ちのおじいさんも出てきます。このおじいさんは、「お金が有り余りすぎていて、いくらあっても人生が全く楽しくないのだ」といいます。お金がありすぎると、10万円をもらったからといって、効用が

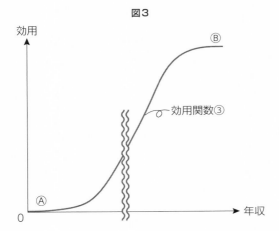

図3

ほとんど増えないという状態です。これが®の部分です。

　Ⓐのように貧しすぎても、®のようにお金がありすぎても、10万円がもたらす効用の増加分は同様に小さくなる、という例ですね。イカゲームでは、この図3のような世界が描かれているのです。

　さて、ここで図4をみてみてください。これまで取り上げた3つのモデルを一緒に示したものです。あなたの普段の生活のなかで、いちばん実感と近いのは、①、②、③のどれですか。

　たとえば、ものすごく喉がかわいているとき、最初の1口目のジュースはものすごくおいしいものでしょう。2口目はどうですか。3口、5口と飲んでいくと、次第に満足してきて、ペットボトル1本飲み終わるころには、1口目を味わったときよりも、1口あたりの満足度は下がっているものではないでしょうか。①は、このようなことを表しています。

　グミを食べるときはどうですか。どれだけ食べても無限に満

図4

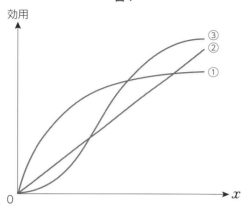

足して食べ続けることができますか。どんなにK-Popが好き
でも、何十時間も聴き続けられるわけではありません。量が増
えるほどに満足度は上がるかもしれませんが、その上がり方
は、小さくなっていくと思います。つまり、①は、飽きてく
る、を表しているといえます。

　このような多くの場合を想定してみるとき、つまり、先ほど
までの図1から図3のように、横軸を年収ではなく、x、つ
まり何でもよいと置いたとき、あなたの実感に近いと感じられ
るのは、①なのではないでしょうか。もしかすると、K-Popが
好きすぎて、どんなに聴いても満足感は変わらないという②の
ようなモデルの人もいるかもしれません。しかし、一般には、
多くの人が多くの場合で①のような曲線を描くのではないで
しょうか。②も③も、可能性がないわけではありませんが、お
そらくはとても極端な例を描いたものとして理解されるのでは
ないでしょうか。

モデルはなにもこの3種類だけではありません。人間の行動のさまざまなパターンをモデル化してみると、実際にはさまざまなものがありえるでしょう。①は、そのなかでも汎用的に使えるものとして、経済学では定説のうちの1つとして、教科書にも載っている、有名な関数なのです。

■「効用関数」を使って分析する

　では、図5のモデルを使って、今回の「お金持ちにも10万円？」の問題を考えてみましょう。

　図5は、図1に、具体的な数字を当てはめたものです。数値例は何でもよいですが、比較のために、図2と同じ数字にしています。

　さて、この図に当てはめてみると、年収200万円の人が10万円をもらって210万円になったときの効用の増加分をⒶ、

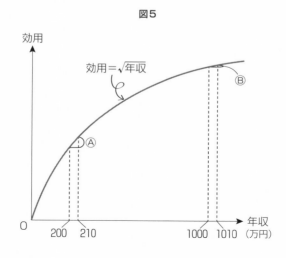

図5

1000万円稼ぐ人が1010万円になったときの効用の増加分を®とします。ここで、それぞれの値を計算してみると、Ⓐが0.35、®が0.16となります。つまり、所得が低い人にとっての給付金10万円は、所得が高い人にとっての給付金10万円よりも、効用が大きいといえるのです。

　よって、経済学、そのなかでも効用という1つの観点から考えたとき、「お金持ちにも10万円?」という批判はあたらない、ということができます。

3. 「お金持ちにも10万円?」を高校までの知識で考える

　では、この問題は、大学で学ぶ経済学の知識がないと分析できないのか、というと、そんなことはありません。みなさんがすでにもっている知識でこの問題を考えてみたいと思います。

　ここでは、給付されるお金だけに着目するのではなく、そのお金を負担するという側面にも注意を払ってみましょう。つまり、この10万円は、一体どこから来たのか、と考えてみるのです。

　この10万円の給付金の財源は、赤字公債（国の借金）でした。その借金は必ず返済しなければなりませんから、結局は私たちの払っている税金がその10万円の財源になっているということができます。

　たとえば、個人の所得にかかる所得税は、累進課税という制度にもとづいているということを中学で習ったと思います。

2022 年現在、所得税は、

年収 200 万円の人………税率 10%
年収 1000 万円の人……税率 33%

です。実際の所得税額を算出するためには、もう少し複雑な手
順が必要なのですが、ここでは私のほうで単純計算してみる
と、年収 200 万円の人はおよそ 10 万円強、年収 1000 万円の
人は、およそ 170 万円強の所得税を支払っている、というこ
とになります。もちろん所得税だけをみて単純に比較はできま
せんが、これだけ負担額が違うのに、もらうお金は同じ 10 万
円だ、ということに目を向けるのも、1 つの見方です。
　歳入と歳出、負担と給付、あるいは、累進課税制度などは、
すでに中学で習っていることです。大学で学ぶ前であっても、
社会的な問題について、こうしたさまざまな視点から検討する
ことができるのです。ぜひ、先生がこう言ったからではなく、
習ったことをもとに、自分でもよく考えてみてくださいね。

4. 大学で学ぶべきこと

　大学では、教科書に載っているから、有名なモデルだからと
いって、それを暗記することが勉強なのではありません。むし
ろ、このモデルがなぜ教科書に載っているのか、このモデルが
なぜ有効なものだと考えられているのか、他によりよく説明で
きるモデルはないのかといったことを、自分の頭で考えること
こそが重要なのです。

ここでは、経済学的な考え方を知ってもらう手立てとして、3つのモデルを例として挙げました。みなさんもぜひ経済学を勉強し、どのような関数がどのような社会を描こうとしているのか、どのモデルがどんな人間の行動を示すことができるのか、またそれはなぜなのか、変数を動かすとどんな実態がみえてくるのか──そういったことを考えられる大学生になってください。

■ 続きは大学で

　今回は、以上で終わりです。ここでのお話は、私が実際に経済学部の1年生が受講する「経済入門」という講義のうち、だいたい初めの30分弱の内容です。

　実際の講義は、ここからがさらにおもしろくなります。まず、受講生に10万円の使い道のアンケートを取って、その経済学的な意味を考え、私たち1人ひとりの合理的な行動の結果として社会的には世代間不公平をもたらすことを解説していきます。1人ひとりは正しいはずなのに、社会全体としては正しくない。そんな状況が生まれてしまうことを考えていきますが、これらの論点は大学で学んでほしいと思います。

（武田　勝）

教科コラム ③ ［保健体育］体育（剣道）の価値

　剣道という言葉が使われるようになったのは大正時代のようですが、剣術、剣技の稽古としては、日本刀が誕生した平安時代の中期にはおこなわれていたと想像ができます。現在のような竹刀、防具を用いた稽古は、江戸時代中期には確立していました。

　さて、中学・高校の体育において、剣道は、わが国固有の伝統・文化・精神を学ぶための身体活動としておこなわれています。現在の国内競技人口はおよそ170万人、海外での愛好者も増加し、柔道には及びませんが、世界の60カ国近い国々で普及しています。

　実際に剣道は、老若男女を問わず、幼児から高齢者にいたるまで、剣の理法の修練により、互いを高めあう者同士、活動ができるのです。

　私の剣道仲間は、小学校入学前の子どもから、80歳代後半の方までいます。今も現役で活躍されている方々の職業は、警察官、教師、医師、看護師、介護士、消防士、銀行員、郵政、市職員、会社経営者など極めて多岐にわたる方々が稽古に励んでおられます。そのなかでも第一線をリタイアされた65歳以上の方々の活躍が著しく、みずから高齢者の大会に出場され入賞される方々も多く、さらに少年指導にもあたられています。

　近年、平均寿命の延伸から、誰の援助の必要もない**健康寿命**が重要視されています。厚生労働省では、2040年までに健康寿命を75歳以上に引き上げることを目標にしています。高校の体育において剣道を学ぶ目的のなかには、みなさんの健康寿命を延ばすことも含まれているのです。経済的効果を考えるならば、剣道を継続的に実践することによる心身の維持向上ができる、いわば人間形成の道を歩める時間や社会で活躍できる期間を増やして、保険・医療・介護の費用を抑えることができるのです。それは財政が厳しいわが国にとってはかり知れない恩恵があると考えます。

（滝沢　宏行）

第 3 章

人や企業は
なぜ集まるのか?

1. 東京一極集中は必ずしも悪ではない!?

　みなさんは将来どこに住みたいか考えたことはありますか。のどかな田舎か、それともほどよく栄えた地方都市か、はたまた大都会東京か…。田舎を選んだ人は「都会の喧騒が嫌だ」という理由かもしれませんし、大都会を選んだ人は「娯楽やレジャーなど刺激が多いから」「就きたい仕事がある」といった理由かもしれません。さまざまな理由があると思いますが、いずれにしても住む場所というのは皆さんのライフスタイルを決める重要な要素となります。

　世界的には長らく都市化が進んでおり、都市部に住む人が増え続けてきました。「世界都市人口予測・2018年改訂版」（国際連合）によると、1950年時点では都市部に住んでいる人は世界の3割ほどでしたが、その後その割合は増え続け、2007年時点で都市部に住む人口のほうが農村部に住む人口よりも多くなっています。都市化の進行度合いは日本においてとくに高く、2009年時点で都市部の人口割合は90%に達しており、世界全体と比べても高い水準になっています。

　日本の都市といえば、札幌・仙台・広島・福岡といった地方都市もありますが、やはり東京・名古屋・大阪で構成される三大都市圏を思い浮かべる方が多いでしょう。この三大都市圏の

図1　都市部に住む人口の割合

すべての都市圏において人口が増え続けているかというとそういうわけではなく、東京圏においてのみ人口は増え続けています。実際、2010年代以降の近年の「住民基本台帳人口移動報告」（総務省統計局）をみてみると、東京圏（東京都・神奈川県・埼玉県・千葉県）の年別転入超過数はつねにプラスになっています。転入超過数とは、その都市圏に入ってきた人の数（転入者数）から出ていった人の数（転出者数）を引いた数ですので、転入超過数がプラスということは入ってきた人の数のほうが多く、東京圏に人がどんどん集まっているということになります。他方、同時期の名古屋圏（愛知県・岐阜県・三重県）や大阪圏（大阪府・兵庫県・京都府・奈良県）の年別転入超過数はマイナスであることがほとんどであり、名古屋圏や大阪圏からは人が出て行っていることがわかります。

　つまり、都市化が進んでいる日本ですが、実際には都市部のなかでも東京圏に人口が集中する**東京一極集中**が起きているのです。「社会・人口統計体系」（総務省統計局）によると、2021年度時点では日本の約29%の人口が東京圏に住んでいます。また、2019年度時点では日本の約28%の事業所が東京圏に立地しています。東京圏には人だけでなく企業も集中しているのです。

図2

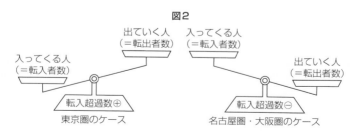

こうした東京一極集中が進むことで、人や企業が地方から東京に移動してしまい、地方の経済活動が衰退してしまうことが懸念されています。また、東京圏内での混雑解消や災害発生時に向けたリスク分散の必要性も指摘されているため、東京一極集中を是正しようという動きが出ています。

しばしば、「東京一極集中は悪である」という論調もみられますが、本当に悪であるといい切ってしまってよいのでしょうか。もちろん過度な集中は望ましくないですが、集まること自体にメリットがあることも忘れてはいけません。人や企業が集まることや集まっている場所のことを**集積**と呼びますが、以下では集積のメリットを考え、集積がなぜ生まれるのかということを考えていきましょう。

2. 集積はなぜ生まれるのか?

経済学の一分野である都市経済学や空間経済学では、集積はなぜ生まれるのかということについて研究が進められています。そのなかで、集積が生まれる要因として**空間の異質性**、**規模の経済**、**集積の経済**の3つがおもに注目されてきました。それぞれについて説明していくことにしましょう。

まずはじめは「空間の異質性」です。この異質性とは、場所によって生産や輸送にかかわる条件が異なることを指しています。たとえば、原材料となる天然資源はすべての地域で同じ量だけ取れるわけではなく、多くの場合、限られた地域でしか取ることができません。たまたま天然資源がたくさん取れる地域では、その資源を集約的に使用する産業が栄え、炭鉱都市のような特定の産業に特化した集積が生まれることがあります。また、輸送に関する条件も地域間で同一ではありません。昔は水上輸送が主要な輸送手段でしたので、水上輸送の通り道となる海や運河、河川に近い地域ほど、輸送費用を節約できるため恵まれた環境にありました。実際、ニューヨークのような現在の大都市の多くがこのような地域に存在しています。他にもどういった空間の異質性が存在するか、高校の地理の授業で学ぶ内容を思い出しながら、ぜひ考えてみてください。

　2つ目は「規模の経済」です。規模の経済とは、ある企業において生産規模が拡大するほど、生産が効率的におこなわれることを表します。たとえば、ある自動車製造企業の工場を思い浮かべてみてください。図3は、規模の経済がある場合に、この工場で何人の従業員を雇えば何台の自動車が生産されるかを表しています。ここでは、労働力以外のその他の生産要素は必要な分だけ手に入るとします。はじめ、10人の従業員によって車を10台生産していたとします（A点）。そこから、従業員数を20人に増やしたところ、より細かく作業を分けて分業をおこなうことができるようになったため生産の効率が上がり、生産台数は40台にまで増やすことができました。従業員数は2倍に増やしただけなのに、生産台数は4倍にまで増えたので

図3

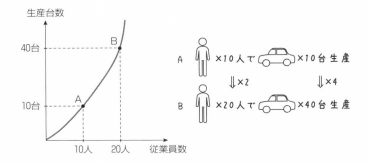

す。別の言い方をすると、従業員数を増やす前は1人あたりの生産台数は1台（=10台/10人）でしたが、増やした後には1人あたりの生産台数は2台（= 40台/20人）に増えています。このように従業員数を増やし生産規模を拡大すればするほど、生産効率が上がることを規模の経済といいます。

　このような規模の経済がある場合、100人の従業員で運営する小規模な工場を各地に10個作るよりも、1000人の従業員で運営する大規模な工場を1個作るほうが総生産台数は増えるため、企業は1カ所に従業員を集め生産規模を大きくしていきます。その結果、下請け企業だけでなく、従業員を対象としたスーパーやレストランなどの商業店舗もでき始め、都市へと発展していくのです。愛知県豊田市や石川県小松市といった企業城下町がこの例に当てはまります。ただし、個々の企業に関する規模の経済だけでは、複数の企業や複数の産業が集まる大都市がなぜ生まれるかということについて説明することができません。そこで次に出てくるのが3つ目の集積の要因である「集積の経済」になります。

集積の経済とは、人や企業などの複数の経済主体が集まることで発生する便益を指します。たとえば、生産や輸送に係る費用が減少したり、生産性が上がったり、新しいイノベーションが生まれたり、消費者の効用が上がったり…とさまざまな便益が考えられますが、はたして人や企業が集まることでどうしてそれらの便益が生まれるのでしょうか。

　次の節では、集積の経済を発生させるメカニズムについて考えてみることにしましょう。ここではさまざまあるメカニズムからいくつかピックアップし、「Sharing（共有）」「Matching（マッチング）」「Learning（学習）」に分類しながら紹介しようと思います。

3.　集積の経済が生まれるメカニズムとは？

■ Sharing（共有）

　企業が集まって立地することで、単独では保有できない機械・施設・輸送インフラを他企業と共有することで利用が可能になります。また、企業が集まる場所には、企業向けの専門サービスが発達しますが、そういった多様なサービスの利用による利益を企業間で共有しています。東京の街中を歩いていると、弁護士・会計士・行政書士といった士業の事務所、システム構築を請け負う SIer（エスアイアー）、経営コンサルタント会社、デザイン会社など、企業向けの専門サービス業が多く存在していることに気づくでしょう。企業は集積していることで、こうした多種多様に差別化された専門サービスを利用することができ、本来の業務を効率化させることが可能になります。

　こうした多様な財・サービスによる利益の共有は、企業だけ
でなく消費者にも同様に当てはまります。「東京にいて手に入
らないものはない」といわれるほど、消費者が多く集まる東京
には多種多様な財・サービスが揃っています。たとえば、レス
トランにしてみても日本各地や世界各国の料理が食べることが
できますし、映画館にしてみても、大型映画館だけでなくミニ
シアターなど細かく差別化がされています。財やサービスの種
類が増えることで選択肢が広がり、消費者はより高い効用を得
ることができるわけですが、こうした多様な財・サービスの存
在が東京に人々がひきつけられる魅力になっていることでしょ
う。

■ Matching（マッチング）

　マッチングといえば、マッチングアプリという言葉を思い出
すかもしれません。最近では、恋愛や婚活を目的としたマッチ
ングアプリだけでなく、仕事やスキルのマッチングアプリも存
在しますが、人々は数あるマッチングアプリから利用するサー
ビスをどういった基準で選ぶでしょうか。おそらく重要な基準
の１つに、そのアプリの登録者数があるでしょう。100人しか

登録していないアプリを利用するより、1000人登録しているアプリを利用するほうが、自分が求めている条件に合致した人を見つけることができそうな気がします。

　マッチングアプリはオンラインの場における話ですが、この議論はリアルの場に対しても当てはめることができます。たとえば、労働市場を考えると、労働者や企業が多く集まっている都市にいるほど、企業は求めているスキルをもった労働者を見つけやすくなり、労働者も自分がもっているスキルを欲している企業をみつけやすくなります。つまり労働者と企業の間のミスマッチが減り、適材適所を達成することができるのです。細分化された専門職ほど、このマッチングの恩恵を受けることでしょう。

　このマッチングの効果は労働市場だけではなく財市場にも当てはまります。東京に限ってみても、アニメグッズ街の秋葉原、古書店街の神保町、楽器店街の御茶ノ水、料理道具街の合羽橋など、さまざまな専門店街が存在します。各店舗が売る商品は細かく差別化されており、その商品を欲しがる人は日本全国に数人しかいないかもしれません。専門店が単独で立地していては、その数少ない人が店に立ち寄ってくれる可能性は低いですが、専門店が集積して立地していることで、興味をもちそうな人が多く集まり、そのなかから買いたいと思う人がみつかる可能性が高まります。

■ Learning（学習）
　人や企業が特定の場所に集まると、人や企業同士の距離が近くなるため、対面でコミュニケーションを取ることが容易にな

ります。オンライン会議やメールなどに比べ、対面でのやり取りには何気ない会話・表情・身振りなどが加わるため、多くの情報を短時間でやり取りすることができます。そうしたやり取りを通して、ノウハウ・アイディア・経験などの言語化されていない知識（＝暗黙知）が相手に伝わりやすく、集積内では効率的な学習をおこなうことができるのです。また、直接会話をしていなくても同じ場所にいることで他の人の行動や会話から情報を得ることもできます。高校生のみなさんも、教室や図書館など誰かと同じ場所で勉強することで、他の人の勉強方法を観察して取り入れたことはあるのではないでしょうか。

　また、企業や人はそれぞれ異なるバックグラウンドをもっています。人や企業が特定の場所に集まることで、多様な技術・知識・経験もその場に集合し、「三人寄れば文殊の知恵」という言葉のように、新たなアイディアが生まれやすくなると考えられています。生み出されたアイディアがイノベーションへとつながり、その都市だけではなく、ひいては国全体や世界全体の発展へとつながっていきます。

4. 忘れてはならない集積のデメリット

ここまで多様な企業が集まることによるメリットに着目してきましたが、もちろん集まることでデメリットがあることも忘れてはいけません。東京の珍名物（？）である満員電車のように、通勤通学時間の電車や道路の混雑はデメリットの最たるものでしょう。また、人や企業が集まることで公害問題や騒音問題も発生する可能性が高くなります。これらの不便益を**集積の不経済**と呼びますが、集積の不経済が集積の経済（人や企業が集まることで発生する便益）を上回っているとき、過剰都市化が発生しているので注意が必要です。

5. 時代と共に変化する集積のメリットとデメリット

ここまで、集積の経済や集積の不経済が発生するメカニズムを紹介してきましたが、これらの要因はずっと変わらないものではなく、時代によって変化していくものになります。たとえば、直近の新型コロナウイルスの感染拡大は、在宅勤務が普及するきっかけとなりました。オンライン環境が整備されたことで、オフィスに行かなくても働くことができるようになった人たちにとっては、都市に住むメリットが少なくなったと考えられます。また同時に、人が密に集まるところでは感染症に罹患するリスクが高くなるという認識が広まり、都市に住むデメリットが高まったとも考えられます。集積の経済が弱まり、集積の不経済が強まったことで、コロナ禍開始当初は東京一極集

中のスピードが落ち着くのではないかと思われました。実際に、2020年の東京圏の転入超過数はプラスではあるものの、前年に比べて大きく下がっており、その傾向は2021年まで続いています。しかし、2022年になって一転して東京圏の転入超過数は再び上昇傾向に戻っています。まだ現時点で1年分のデータしかないので確かなことはわかりませんが、以前の東京一極集中の流れへ戻りつつあるようです。

　在宅勤務を始めとしたリモートワークが今後どの程度定着するかはまだわかりませんが、新たな通信技術の発展や革新的なオンラインサービスの普及は、集積の経済のあり方に今後も大きな影響を与える可能性があります。たとえば、オンラインショッピングの普及により、東京にいなくても多種多様な財を購入することができるようになりました。レビューを参考にしながら類似商品と比較することで、実店舗で購入するときよりも自分の求めていたものに近い商品にたどり着くことができるかもしれません。そうなると、小売店が集積していることのメリットはなくなってしまうのでしょうか。一方で、オンライン

では商品を手に取ることはできないので、実物を見て購入したい人が多ければ集積のメリットはなくならないかもしれません。

　ぜひみなさんも、通信技術が高度化し、さまざまなオンラインサービスが出現しているこの世の中で、今後も残り続ける集積のメリット、なくなる集積のメリット、新しく生まれる集積のメリットは何なのか考えてみてください。最終的には集積のメリットとデメリットのどちらのほうが大きくなりそうでしょうか。業種によって、財・サービスの特徴によっても、結論は変わってくるかもしれません。デメリットのほうが大きければその業種は分散し、メリットのほうが大きければその業種は集積していく可能性があります。

　都市化という現象自体は長く続いているものですが、このように都市化の動向を左右する要因は数年単位で刻々と変化しています。一見、経済学とは関係ない勉強や分野にも興味をもちながら、未解決のこの問題に取り組み、みなさんなりの仮説をぜひみつけてみてください。

（岡本　千草）

教科コラム④［理数］経済学と理数探究

　2018年度の高等学校学習指導要領の改訂で理数探究という科目が新設されました。これは「さまざまな事象を、数学的・理科的な見方や考え方を組み合わせて、探究の過程を通して課題解決するために必要な能力を育成する」という科目です。数学で扱う対象は二次方程式の解の公式や正弦定理・余弦定理のような数量や図形およびそれらの関係、そして理科で扱う対象はアルキメデスの法則や運動方程式などの質的・量的な関係や時間的・空間的な関係といわれます。また、数学的な考え方とは、ごくわずかな公理や前提から論理的に正しいことを推し進める方法（演繹法といいます）であり、理科的な考え方とは、現実的な出来事から証拠や共通点を積み上げてある法則を作り上げる方法（帰納法といいます）であるといえます。

　経済学とは人間の社会生活を金銭や物資の交換という側面から考えていく学問ですが、上記の観点を当てはめてみると、とりわけ現代の経済学は、さまざまな経済活動を数学的かつ理科的に扱う理数探究に近い学問であるといえます。「世の中の人間はたくさんいるのだから、全員ある法則にしたがって同じ行動をするはずないじゃないか」と思うかもしれませんが、そこは「経済学で扱う人間は感情をもたず、つねに合理的に、自分の利益が最大となるような行動をする（ホモ・エコノミクスや、エコノミック・マンといいます）」という少ない前提から議論をはじめ、徐々にその制限を緩めて、実際の人間が営む経済活動に近づけていくのです。

　経済学を中学校の社会科や高等学校の公民科で勉強すると、経済学は文系科目や暗記科目だと思われがちですが、そんなことはまったくありません。むしろ、大学の経済学では、経済現象をあらわすたくさんの数式や、因果関係が出てきますので、これまで数学や理科で勉強してきた論理的な考え方をつねに忘れないでいてくださいね。

（辰見　憲）

第 4 章

職場の男女差別は
もう終わった？

1. 日本社会の女性差別はもう終わった？

　あなたは、「今の日本で、男女の扱いに多少の違いはあるかもしれないけど、大した問題ではないんじゃないの？」と思うことはありませんか？　学校では生徒会長や学級委員、部活動のキャプテンなどの役割や、授業での発言や成績などで、男女の大きな違いを感じることはそれほどないでしょう。

　経済や環境など、世界が直面する問題に取り組む団体の「世界経済フォーラム」は、毎年世界各国における男女格差をはかるジェンダー・ギャップ指数を発表しています。この指数は、「経済」「教育」「健康」「政治」の４つの分野のデータから作成されています。これによると、2022 年の日本の順位は 146 カ国中 116 位でした。

　日本の「教育」の順位は 146 カ国中 1 位で世界トップであ

図1

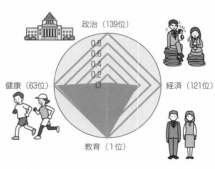

1	アイスランド	
2	フィンランド	
3	ノルウェー	
10	ドイツ	
15	フランス	
22	イギリス	
25	カナダ	
27	アメリカ	
115	ブルキナファソ	
116	日本	

る一方、「経済」の順位は 121 位、「政治」の順位は 139 位と
なっています。つまり、日本の女性は、男性と同じように教育
を受け、知識や能力を身につけることができるにもかかわら
ず、その知識や能力を社会で十分に発揮できていないという評
価がされているわけです。みなさんは、学校のなかでは男女の
格差を実感することはないかもしれませんが、収入や雇用の安
定性などにおいて、女性は不利な状況に置かれているというこ
とです。

■ 男女は同じように収入を得られている？

　まず、日本の男女の経済的な格差を表すもっともわかりやす
い指標として、賃金についてみてみましょう。2020 年の調査に
よれば、平均年収は男性 532 万円、女性 293 万円となっていま
す。同じ学歴であっても男性のほうが女性よりも賃金が高
く、同じように正社員として働いているとしても男性の賃金の
ほうが高いことがわかっています。

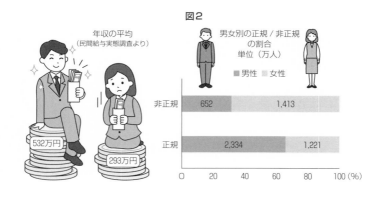

図2

年収の平均
（民間給与実態調査より）

男女別の正規／非正規
の割合
単位（万人）

■男性　□女性

非正規	652	1,413
正規	2,334	1,221

0　　20　　40　　60　　80　　100 (%)

532万円　293万円

なお、2021年において働く女性の割合（就業率）は25〜44歳で78.6％となっています。30年前の1991年には61.4％であったので、その割合と比べると、働く女性は徐々に増えてきています。しかし、その多くがパートや派遣などの非正規雇用であるという点に注意しなければなりません。2021年では男性の非正規労働者は652万人、女性の非正規労働者は1413万人と、女性の非正規労働者は男性の2倍以上存在するのです。

2. 差別しているつもりがなくても差別は 起こる？──企業の「合理的判断」の背景

　賃金や、働き方において男女間の格差があることがわかりましたが、なぜこのような格差が生じるのでしょうか。じつは、現実の社会では、個々人の考えのなかに女性を嫌ったり見下したりするつもりはなくても、差別が生じていることがあります。

■ 企業は女性の採用を控えたほうがコストを節約できるから？

　それでは、男女間の賃金格差や働き方の違いの要因を探っていくことにしましょう。

　たとえば、企業が社員を採用するとき、女性は結婚や子育てのために男性よりも早く仕事を辞めてしまう傾向があるので、女性の採用を控えて男性を多く採用するという判断がなされてきました。また、採用した女性に対して、時間をかけて教育して一人前に育てても、早く辞められてしまったらその分の費用が無駄になってしまうので、男性と同じような教育訓練の対象にしないという扱いがされることがあります。このように、あ

る属性の人たち、ここでは女性のことを、統計の平均値で評価
して処遇していくことを**統計的差別**といいます。

　たしかに、1つの会社で働き続ける平均年数を男女別にみる
と、2021年では男性は13.7年で女性は9.7年となっており、女
性が働く期間は男性と比べれば短いといえます。しかし、個々
の女性をみれば長く働き続ける女性もいます。男性と同じくら
い能力もやる気もある女性もいるでしょう。それでも働く年数
の平均値が男性と女性で異なるという理由から、機械的に判断
されて、女性は採用されにくく、男性と同じ教育訓練が受けら
れないような扱いをされてしまうのです。

　統計的差別の背景には、企業は、採用の際に応募者1人ひ
とりの能力ややる気を正確に判断するための情報をすべて得ら
れるわけではないという問題があります。この問題は、日本史
を扱った第6章で出ている、**情報の非対称性**の問題です。応
募してきた女性が、本当に仕事を続けられるか判断するための

情報を調べるには、時間も労力もかかりすぎてしまうため、「女性は平均的に男性より離職しやすい」というデータで一律に判断してしまうということなのです。企業の立場からみれば、平均的に早く辞めてしまう女性を採用して教育訓練の費用をかけても、投資が無駄になる可能性が高いので、女性の採用や処遇に男性と差をつけるのは経済合理性がある、という考え方をとってきたといえるでしょう。

■ 女性に向いてる仕事、男性に向いてる仕事？

また、日本の多くの大企業は、企業が社員を採用する際に、2つのコースに働き方を分けています。1つは長く働き続け、将来の管理職を期待されるため、責任のある仕事を任せられる総合職です。もう1つはコピーや書類作成などといった補助的な業務を中心に担当する一般職といいます。男性の多くは総合職、女性の多くは一般職として働いており、図3のように2021年のデータ（雇用均等基本調査）では、女性の正社員・正職

図3

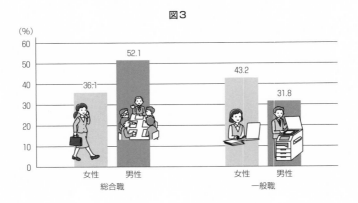

員のうち、総合職は 36.1％で、一般職が 43.2％となっているのに対して、男性では、総合職が 52.1％一般職 31.8％となっています（その他の区分は除く）。

　このようなコースが設けられた背景には、2 つの考え方があります。1 つ目は、さきほど説明したような、「女性は早く仕事を辞めてしまう」との判断から、高いスキルや責任が必要でない補助的な仕事に割り当てようという考え方です。2 つ目は、女性をいわゆる女性向きの職種に偏って雇ったり役割を与えたりする考え方です。男性にはリーダーが向いているとの考えから管理職が期待され、女性には繰り返しの多い定型的または補助的な仕事、男の顧客の気を引き女の顧客を安心させるようなソフトな接客が向いているとの考えから、コピーやお茶くみ、受付係や販売職などを任せる傾向があります。

　以上のように、女性が嫌い、女性のほうが能力が低いなどとは思っていなくても、男女間の扱いに違いが生じることがあります。企業の利益を考えて合理的に行動した結果、男女の格差が生じているのです。

3. わざと差別しているわけではないのに、何が問題なの？

　このような理由をみてくると、人々がわざと女性を差別しているわけではないし、企業の利益になるという理由なら、問題ないのではないかという気持ちが出てくるかもしれません。また、仕事に男女の向き不向きがあるんじゃないか、女性向きの仕事に女性が就くとされることは区別であって、差別とは違う

のではないか、と考える人もいるでしょう。

　しかし、最近になって企業が統計的差別をおこなうことは、経済的利益にかなうものである、との考えに反論が出されるようになってきました。女性が早く仕事を辞めてしまう存在として、男性と異なる扱いをすることで、逆に女性のやる気を奪い、離職を促進してしまうという事実が明らかになってきたのです。このような現象を、**逆選択**といいます。そもそも、「逆選択」とは、本当は能力ややる気が違う1人ひとりをすべて同じように扱うと、能力やモチベーションが高い人が去ってしまい、低い人が残ってしまうという問題のことをいいます。大学卒業時において働き続けたいという意識が強く、仕事内容に満足度を求める女性のほうが、転職しやすいことを明らかにした研究もあります。このようなことが起きると、企業にとっては本当にやる気があって有能な人材を失ってしまうため、かえって損失が大きいのではないかということが指摘されています。

また、男女を、統計の平均値や向き・不向きの傾向でひとま
とめに判断することは、以下のような問題があります。もちろ
ん、集団としての男女をまとめてみた場合には、身長の高低や
腕力などの身体的能力や、記憶力や言語力などの能力に傾向の
違いはあります。しかし、個人レベルでみれば、1人ひとりの
能力は多様であり、女性だったら全員がソフトな接客に向いて
いるなどということはありえません。1人ひとりの適性をみる
のではなく、女性だからという理由だけで仕事を振り分けるこ
とで、男女にかかわらない個々人がもっている能力の発揮が妨
げられてしまうのです。社会でリーダーシップを発揮するのが
得意な女性もいれば、逆に、家事が得意で家庭で専業主夫とし
て家族のために尽くしたいと望む男性もいるでしょう。重要な
ことは、1人1人が進学や就職について、自分の適性や意欲を
もとに自由に選んで挑戦できるかどうかです。しかし、現状
は、望まない働き方を選択せざるをえない人がいることが問題
なのです。本来、教育において男女格差が少ない日本において
は、みんなが教育で身につけた知識や能力を、男女に偏らず社
会に活かしていくことが望まれます。企業にとっても本当に有
能な人を採用し、その力を活かすことにつながるはずです。
　また、女性向きの仕事に女性がついているのだから差別では
なく区別だという説明は、結果として男女の賃金格差を固定す
ることにつながってしまいます。これまでおもに女性に割り振
られてきた補助的な仕事は、管理職への昇進や賃金アップに結
び付きません。男女によって仕事を固定化する考え方は、女性
たちを個々人の能力とは別に待遇の低い仕事に押し込めること
につながってしまうのです。女性にもリーダーに向いている人

はいるし、男性のなかにもリーダーが苦手な人はいます。性別によって就ける仕事や管理職になれる条件に違いがあることを、「ただの区別であり、差別ではない」というならば、女性に向いているとされる補助的な仕事や接客を担当する人にも、賃金が上がっていったり、管理職と同等の待遇が与えられなければなりません。

さきほど説明したように、同じ正社員でも総合職の女性は男性と比べて少ないため、おのずと管理職候補の女性も少なくなります。このことが女性の管理職が少ない原因であり、男女間賃金格差の一因となっているといえます。先に述べた世界経済フォーラムのジェンダー・ギャップ指数において、日本のデータのうち経済分野で特に数値が低かったのは、管理職の男女比でした。2021年のデータで日本の女性管理職の割合を他の国々と比較してみると、諸外国ではおおむね30％以上であるのに対して、日本は13.2％であり、諸外国と比べて低い水準となっています。女性の管理職が少ないことは、男女の賃金に格差が大きいことの一因となっているといえます。

4. AIは男女差別の解決策になる？

それでは、日本における労働の男女不平等をどのように解決していけばよいでしょうか。

近年、デジタル技術やAIを企業の採用活動に導入する事例が増えています。AIを社員の採用や人事評価などに活用することによって、評価にかかる時間が短縮され、採用効率が向上し、面接官の評価基準のばらつきや偏見をなくし公平な採用が

できると期待されているのです。企業による採用や社員の評価におけるAIの活用は、男女差別の解消につながるのでしょうか。

AIはArtificial Intelligenceの略で、入ってきたデジタル情報をあらかじめ策定しておいた基準で整理・分類するソフトウェアのことを指します。AIが動くためには、入ってきたデータを分類・整理する基準をあらかじめ人間が設計し、プログラムとして書き込む必要があります。つまり、AIは入ってきたデジタル情報の内容を判断しているのではなく、処理し分類しているにすぎず、何が重要かの判断は人間がやっていることになります。AIはデータを分類しているだけで、答えの質を判断しているわけではありません。そのためAIが導き出す回答は、社会に内在している差別や偏見をそのまま映し出してしまう可能性があるのです。たとえば、アメリカのAmazon社が新規従業員募集にAIを導入したところ、女性を採用候補者からすべて排除してしまったケースがありました。過去10年間の技術職の応募者のほとんどが男性だったため、過去のデータをAIが学習した結果、男性を採用するのが好ましいと認識してしまったのです。これはまさに過去のデータにもとづいた機械学習によって、社会に存在する偏見や差別を反映してしまう、統計的差別の再現にほかなりません。AIは、あくまで入ってきたデータを分類・整理する処理能力が高いだけであり、そのもととなるデータに偏りがあれば、そのまま再現してしまうのです。現時点では、AIを使えば、ただちに客観的で公平な評価の可能性が高まるとはいえず、人間社会の意識や行動の変化がともなわなければ、問題の解決にはつながらないでしょう。

それでは、ほかにどのような解決策があるでしょうか。その
ヒントは、仕事（ワーク）以外の生活（ライフ）に目を向けるこ
とにあります。

　だれかがある行動をとるときに、それによってあきらめなけ
ればいけない価値のことを**機会費用**と呼びます。仕事を辞めて
しまったことによって、女性が本来得られるはずだったのに
失ってしまった収入を機会費用としてみてみましょう。ある推
計によると、女性が30歳から59歳まで休職することなく働
き続けた場合の年収を合わせると1億3000万円を超える計算
になります。しかし、いったん30歳で退職して40歳から
パートで再就職した場合は、5000万ほどに減ってしまいます。
女性が家事や子育てのためにいったん仕事を辞めてしまうこと
で、生涯で得られる収入は8000万円前後減ってしまうので
す。このように、いったん退職することで生じる機会費用はか
なり大きいのです。それではなぜ、多くの女性たちは出産時に
仕事を辞めてしまうのでしょうか。

　2節と3節で見てきたように、日本の職場の男女不平等の背
景には、企業の採用や仕事を任せる際に生じる統計的差別の問

題があることがわかりました。しかし、労働者側もそれを受け入れない限り、そのような慣行が長期にわたってつづくことはないでしょう。じつは、女性がどのように働くのかは、仕事以外の家族のあり方や家庭内での家事・育児・介護などのケア労働と深くむすびついています。「男性は外で働き、女性は家庭で家事・育児をするもの」という意識が強い社会では、たとえフルタイムの共働きでも家事・育児・介護のほとんどは女性が担うことになりやすく、女性労働者にとって、仕事と家庭生活の両立が大きな課題となります。女性が男性と比較して早く仕事を辞めてしまう背景には、結婚や出産によって家事・育児などのケアをしながら、仕事を続けることが難しいという背景があるのです。つまり、女性が早く仕事を辞めてしまうことは、結婚や出産により築いてきた実績やキャリアをあきらめざるをえない状況に追い込まれていることを反映しているともいえます。女性が社会で仕事を男性と平等に分担していくためには、男性も女性も、仕事以外のプライベートな生活の問題に向き合っていくことが重要な課題となってくるのです。

（小尾　晴美）

教科コラム⑤［歴史］居住空間から考える経済学
── ワークライフバランスの変遷

　ジブリアニメの１つ『耳をすませば』の主人公雫（中学生）は、中央大学多摩キャンパスに近い団地に住んでいます。両親と大学生の姉との４人家族で、所狭しと本が並んで、家族の読書好きが一目瞭然。間取りは２DK、子ども部屋と夫婦部屋。そしてダイニングキッチンが南側にあるのです。このタイプの住居は１９５０年代〜高度経済成長期、全国に建設された住居で、核家族を想定しています。日差し豊かな南側のキッチンで炊事をする専業主婦になることが女性の理想と形づくられた時代ともいえます。男性は夜遅くまで仕事をして、女性は家事育児中心の生活で、男性を支えるのが当然とされた性別役割分業の象徴としての間取り。専業主婦となり、日当たりのよいキッチンで料理をすることが女性の憧れと意識させ、家事に従事させるという構図です。このように、居住空間からも各時代の社会構造、経済状況を考察できるのです。

　今後映画やドラマを見るとき、住居の間取りに注目してみるのはいかがでしょうか。男女ともに働く現代では、対面式キッチンも多くなり、ダイニングは広めです。これは、母親が仕事を終えて帰宅し、キッチン越しにダイニングにいる子どもと会話しながら炊事する、相変わらず慌ただしい女性の姿をイメージしているのか。それとも逆に、夫婦２人の世帯で、夫も炊事をするようになり、男女の非対称性が克復されつつある時代を意識しているのでしょうか。各時代の典型的な居住空間の間取りを比較することで、ワーク・ライフ・バランス、家庭と職場をめぐる問題を考えるきっかけになるかもしれません…。ポン・ジュノ監督の映画『パラサイト　半地下の家族』は２つの家族の居住空間の差異で、経済格差を目の当たりに見せられる映画だったと思います。映画やテレビドラマの設定となる住居や登場人物のアイテムや服装等をじっくりみつめることで、経済学の学びが面白い、重要だと気づくことがありそうですね。

（古澤　康久）

リレーコラム（1） そもそも、なぜ？ どう？ 勉強するの？

リレーコラム ❶

あなたの思い出が広告に──Instagram と「コト消費」の時代

　休みの日にはどこに行きますか？　おそらくディズニーリゾートなどテーマパークに行きたいと思う方も多いのでは…。この夢の世界は、学校や職場で嫌なことがあったとき、日常の現実をすっかり忘れさせてくれる、大人も子どもも楽しめる幸せな時空間です。また、私たちは快適な生活のためたくさんのモノを消費しています。高額なスマホや PC も 2 年くらいで買い替え。こだわりの服装、ブランドでお洒落を楽しむなど、他者との違いという差別化としての記号消費も健在です。近年はこういった**モノ消費**だけでなく、テーマパークやアウトレットパークなどの時空間の消費、**コト消費**も活発ですね。幸せな時間を与えてくれるテーマパークですが、企業側からすると、"いかに感動させるか""情緒的に心地よくするか""いかに消費してもらうか"という戦略があります。ハロウィンやクリスマスでは限定グッズの販売。限定という文字にひかれて、テーマパークやアウトレットパークで想定以上にお金を使い、その金額に驚いた経験はありませんか？　そんな企業側の戦略を考えることもみなさんの将来に役立つ学びです。モノに満ちあふれた社会では、いかに楽しい経験をしてもらうかも企業側の課題だからです。

　一方で、みなさんはその楽しい時間を Instagram に投稿しますよね。友だちの Instagram をみて、「ああ、いいなあ、○○ちゃんはディズニー行ってきたんだ」「よし、私も行こう！」この時点で（Instagram に投稿した時点で）、あなたは、無意識にテーマパークの広告をしているのです。テレビ広告よりもよほど影響力があるのではないでしょうか。テーマパークやアウトレットに出かけ、ワクワク感をあじわい、それを Instagram のストーリーにアップしている日々。そんなありふれた日常生活のなかにも、経済学的に考えるべきネタがたくさん潜んでいることを、楽しみながら探してみませんか。

（古澤　康久）

「作者の意図」とは何だろう？

　いまはだいぶ変わってきましたが、学ぶ際にはまだまだ多くの場合、文章を読みます。まとまった考えを学ぶ際には評論や小説を読むわけですが、そのときに重要なことは何でしょうか。それは「作者の意図を正確に読み取ることだ」と多くの人がいいます。しかし、そもそも作者の意図とは何でしょう。

　某有名大学生協の書籍売り上げで、長く上位を占めている文庫本に『思考の整理学』という本があり、そのなかに「平家物語は頭が良い」という一節があります。『平家物語』は、『徒然草』に紹介されている「信濃守行長が作者である」という説が信じられてきました。しかし現在は、個人が書いたのではなく、多くの琵琶法師たちが各々に『平家物語』を弾き語り、また聴衆も一緒になって作品が変えられていくなかで内容が練り上げられていった、というのが通説になっています。だから『思考の整理学』は、『平家物語』の本文は無駄がなく、調べも整っていて内容もすばらしい、つまり「頭が良い」のだというのです。

　あるいは、現代フランスのある思想家が「作者の死」という有名なエッセイを書いていて、そのなかに「作者とは今の時代における一つの思想に過ぎない」という記述があります。作者が文章を書く際、そこに書く考えは、その作者独自のものかというと、そうではないはずです。さまざまな人々とのかかわりや、読書で得た知識によって、作者の価値観は作られていきます。つまり、作者はその時代や社会とは無縁ではなく、そこにおいて、自分の考えを獲得していくのです。つまり、たとえ作者が特定の1人であったとしても、作品のすべてがその作者のものではない、ということになります。

　作者の意図というと、私たちは1人の著作権者の考えを想定しがちです。しかし、それは簡単には特定できないことがわかります。私たちの常識を、少し角度を変えて考えてみると、にわかにおもしろくなってきませんか。

（駒ヶ嶺　泰暁）

高校における学びと「タイパ」

　SNSなしでは考えられない生活となっているなか、高校生のみなさんの時間は慢性的に不足しています。ネット上で、友だちとの会話に費やす時間、コンテンツをみる時間、自分を発信するための時間…とにかく時間がなくて、歩きながらでもスマホの画面を見続けている人が何と多いことでしょう。そんないま、タイパ＝タイムパフォーマンスという考え方が急速に広まっています。それは、貴重な時間をかける価値があるかどうか＝役に立つものなのかが基準となっている考えです。たとえば動画。みなさんは、見る前から1.5倍速でしょうか、つまらないと思えば2倍速にしていませんか。もちろん倍速視聴がダメではありません。時間を無駄にしたくない気持ちは当然です…が、高校の学びを考えた場合、タイパでの判断はちょっと待ってほしいのです。

　かの有名なスティーブ・ジョブズもこう話しています。「学んだ意味（価値）は、学んだ後にしか理解できない」と。でも、「役に立つ」を学びの基準にした場合、いまの自分に役立たないと思えば、時間を浪費することになり勉強しませんよね。しかし、未来は予測できない以上、学ぶ前から自分に役に立つかどうかはわからないはずです。いまは、数学が嫌い、苦手だからいらないと思っていても、後になって取り組まなければならない状況が来るかもしれないのです。見る前から自分の判断で動画のスピードを決めることも根っこは同じだと思うのです。高校までの勉強内容は、いままでの大人が成功や失敗した経験から「せめてこれだけは大学に行く前に学んでおいた方がいい」という栄養バランスのとれた定食だと考えてください。経済と聞くと効率といった言葉が浮かぶかもしれませんが、経済学部で学ぶからこそ、本当の効率とは何か、といったことを考える（疑う）必要があると思います。大学での学びのためにも、高校生の時点で「時間をかけて損しない？」とか思わず、勉強に取り組んでほしいのです。ということで、高校教師としては、タイパがいいとか悪いとか簡単にいいたくない…のです。

（仲森　友英）

なぜ経済学を勉強するの？

お金が足りなくて、買いたいものが買えない。時間が足りなくて、やりたいことができない。点数が足りなくて、行きたい大学に行けない。こうしたことは、みなさんも思い当たることがあるでしょう。欲求に対して、それを満たす十分な量が足りない。これを経済学では**希少性**といいます。この希少性は、人類がつねに直面してきた課題だと思います。

人類の歴史を振り返ると、人々は土地をめぐって争ってきました。それは、より豊かな土地、ひいてはより豊かな食料を求めてのことでした。もし全人類にとって必要な食料が十分にあれば、そういった争いは起こらなかったでしょう。また、きれいな空気が十分にあれば、そこに希少性は存在せず、よって、地球環境が問題になることはありません。地球温暖化をもたらすほどの温室効果ガスが増えすぎて、きれいな空気が足りなくなれば、つまり、希少性が存在するならば、そこが経済学の出番です。

コロナが騒がれ始めたころ、マスクが足りませんでした。そのときに起こったことは、マスクの大幅な値上がりでした。どうしても欲しい人は、少々高い値段でも買うでしょう。それほど必要でない人は、高くなってしまったマスクは買わないでしょう。このように、今日の日本社会では、多くのモノの「足りない」（＝希少性）を、値段の上がり下がりで調整しているのです（この仕組みを**市場メカニズム**といいます）。

なぜ経済学を勉強するのか。それは私たち人間（の集まりである社会）が、つねに何かが足りない状況に直面しているからだ、といえます。それを分析するのが経済学です。これが一大学教員からの１つの答えです。

（武田　勝）

第 **5** 章

経済学で実験?
——RCT（ランダム化比較対照実験）

1. 原因を究明したい！

■ 壊血病の恐怖

　ポルトガル人マゼランは1519年、西回りでアジアに向かう航路にチャレンジしました。すでに1498年、ヴァスコ＝ダ＝ガマが東回り航路の開拓に成功し、インドで大量のコショウを手に入れていました。地球がもし丸い球体であるなら、西から回っても、香辛料の得られるアジアに到達できるはずです。

　結局、船長マゼランはフィリピンで殺されてしまうのですが、部下のエルカーノは3年かけてスペインに戻ることに成功し、見事、初の世界一周は達成されました。南アメリカ大陸の南端はマゼラン海峡と名づけられ、地球が球体であることも証明されました。

　しかし、大航海時代の輝かしい達成とは裏腹に、この時代の航海は悲惨をきわめるものでした。部下の反乱、嵐、現地人との闘い…。食料事情もひどいもので、船内でみつかったネズミを食用にするために値段がついたほどです。そして、それらの困難のなかでも、大航海時代の航海において最大級の試練をもたらしたもの——それは間違いなく「壊血病」であったと考えられます。

　壊血病の症状はきわめて悲惨なものでした。身体がだるくなり、全身から力が抜けていく。歯茎が腫れて腐敗し、赤黒い血がにじみ出す。あちこちで壊疽が進んで、皮膚が黒ずんでいく。船員のなかにはナイフでどす黒い血液を抜いて、自己治療を試みる者もいたといいます。船内にあふれる死体を海洋に放り投げる体力すら、もはや生存者には残されていない——まさ

に地獄絵図です。

　じっさいヴァスコ＝ダ＝ガマは乗組員の半分以上を、マゼラン
は乗組員の3分の2以上を壊血病で失うことになりました。
スペインに帰還を果たした部下たちがどれほど幸運であった
か。世界一周は奇跡的な達成でした。

■ 原因を究明する

　さて、ここで少し想像してみてほしいのです。みなさんがも
し大航海時代の荒海を冒険に乗り出す、船の乗組員だったらど
うでしょう。

　おそらく毎日、身体がだるくなっていないか、歯茎が腫れて
きていないか、心配になることでしょう。発病への不安で眠れ
ないかもしれません。でも、いちばんの恐怖といえば、それは
病気の原因がわからないことではないでしょうか。――まずは
原因を究明したい！　きっとあなたはそう思うはずです。

　当時、壊血病を患った者への対処法としては、ワインを飲ま
せる、生姜（ショウガ）が身体によさそうだ、塩が効くのではないかなど、
さまざまな方法が試みられました。しかし原因がわからないま
ま、思いつきの対処法をやみくもに当てはめても、患者が健康
を取り戻すことはありません。

　そうしたなかで18世紀半ば、画期的な方法を導入したの
が、イギリス海軍医のジェームズ・リンドでした。リンドは、
壊血病が大量に発生した船内において、12人の重篤患者を選び
出します。彼らには同じ食事をとらせ、船内の同じ場所で休ま
せ、6種類の治療を無作為（ランダム）に割り当てることにしま
した。治療法として試されたのは、① 1Lのアップルサイ

アップルサイダー　硝酸薬　酢

×海水　×ナツメグと
ニンニクの薬

ダー、②4mLの硝酸薬、③80mLの酢、④250mLの海水、⑤ナツメグやニンニクなどを混ぜた薬、⑥オレンジ2個とレモン1個、をそれぞれ与える方法でした。

その結果は目覚ましいものでした。オレンジとレモンを与えた患者だけが、すぐに回復を遂げたのです。また、イギリス海軍のおもな治療法であった硝酸薬の投与には、まったく効果がないこともわかりました。

つまり、壊血病の原因はビタミンCの不足だったのです。そしてそれを解明することができたのは実験という手法でした。

■ 実験の力

現代でも、医学において実験的手法は重要なものです。たとえば新薬が開発されて、厚生労働省に認可されるためには、その薬に本当に効果があるのか、副作用はないのかを調べる治験（ちけん）が必要とされます。

治験では、まずは動物実験で安全性を確認し、つぎに治験参加者による実験がおこなわれます。そこでは、参加者には何も知らせないまま、①すでにある薬、②偽薬、③開発された新薬、をそれぞれ投与します。白い砂糖錠剤（偽薬、プラセボ）でも、痛みの除去などに効果（プラシーボ効果）をもたらすことがあります。しかしプラシーボ効果を超えて、本当に新薬が有効

なのかを調べることが重要ですね。海軍医リンドの試みは、こうした治験の考え方の先駆的なものであったといえるでしょう。

　そして、このような実験の力は、じつは経済学の分野においても近年、大きな注目を浴びています。それがこの章で紹介する「**RCT**（Randomized Controlled Trial、**ランダム化比較対照実験**）」と呼ばれる手法です。

2.　自然な政策実験

■ コロナ禍でのロックダウン政策

　RCTの詳しい説明に入る前に、もう少し経済学における実験の雰囲気をつかんでおくため、次のような事例も検討してみましょう。

　2020年春、新型コロナ・ウイルスが急速に世界中に拡大し、各国政府が対応を迫られたときのことを思い出してください。パンデミックによる患者や死者が急増するなかで浮上したのが、政府の強制によって、飲食店の営業を休止させるロックダウン政策は妥当だろうか、という問題でした。

　ここには重大なジレンマがありました。飲食店がお店を開けてお客を呼ぶことは経済的自由権にあたります。これが、政府が侵してはならない基本的人権の1つであることは、高校の政治・経済の授業でも聞いたことがあるでしょう。そしてもちろん、ロックダウンが、経営者や労働者の減収を招き、深刻な経済的被害をもたらすことは当然のことです。

　しかし飲食店を中心にパンデミックが拡大するのであれば、国民の命や健康を守るため、政府が営業休止を命じることも仕

方がないのかもしれません。たとえ経済的被害が生じてでも、そうした選択肢をとることがベストだという政策判断も同時に成り立ちます。

ここには「政策A：経済的自由権を認める（＝経済被害を避ける）」と「政策B：ロックダウンを実施する（＝感染被害を避ける）」をめぐって、深刻なジレンマが生じています。こうしたジレンマは、経済学では**トレードオフ**（＝Aを選べばBは選べない、Bを選べばAは選べない）と呼ばれています。

このようなトレードオフに直面して、結局、欧米諸国の多くはロックダウン政策を選択することとなりました。感染拡大が始まった当初は、パンデミックの原因、今後の被害、ワクチンの開発計画など、あらゆることが不透明でした。多くの国は経済的に大きな犠牲が生じてでも、まずはパンデミックを抑えることが優先事項だと考えて、そのような政策を実行したのです。

■ スウェーデンとデンマークを比べる

さて、このトレードオフ問題は、実際どのように対処されるべきだったのでしょうか。各国政府にとっても、市民の自由権を奪うロックダウン政策は、苦渋の決断をともなうものでした。しかし、じつは実験的な視点を取り入れることで、私たちは新たな判断材料を手に入れることができます。

ここで注目したいのが、北

欧のスウェーデンとデンマークの例です。デンマークでは、ほかの欧米諸国と同様、強力なロックダウンが実施されました。一方、スウェーデンでは、ソーシャルディスタンスを呼びかける程度で、国民の自主性にまかせた緩やかな対策がとられました。おなじ北欧の国でも、まったく対立する政策が選ばれたのです。

その結果は次のようなものでした。ロックダウン政策が採用されたデンマークでは、その年の経済成長率（＝ GDP の年々の伸び率）は落ち込むことになりました。とはいえ、それは厳しいロックダウン政策の代償として、あくまで想定内のデータであったといえるでしょう。

意外だったのは、スウェーデンの結果でした。というのも、経済的自由権が尊重されたにもかかわらず、スウェーデンでも、フィンランドと同程度の GDP の下落が生じていたからです。その要因はさまざまに考えられます。なかでも「政府の強制があろうがなかろうが、人々はパンデミックを恐れて外出を自主的に控えたのだ」とする説は有力な回答の１つです。

ここでポイントとなるのが、この事例が自然な政策実験になっていることです。北欧という地理的・文化的条件が近い２つの国で、偶然に別々のパンデミック政策がとられることとなりました。それはある意味で、先ほど述べた新薬の治験と同じような、実験的シチュエーションであると考えられるのです（後述するように、このような状況は**自然実験**と呼ばれます）。

さて、みなさんが政治家だったら、そして事前にこのデータを知っていたとしたら、どのような政策を選ぶでしょうか。いずれにしても、このデータが政策決定のうえで、みなさんの判

断に重要な影響を与える材料となることは間違いありません。これも実験の力の一例に数えられるでしょう。

3. RCT（ランダム化比較対照実験）の考え方

■ 因果関係をとらえる

これまでに紹介したエピソードをふまえて、いよいよ経済学における実験、RCT の考え方について詳しくみていくことにしましょう。

壊血病の例は、原因をつきとめることや、本当に効果的な治療法を発見することの重要性を教えてくれます。原因が明確にわかるようになる以前には、人類は長い間漠然とした経験則を信じる以外になかったり、迷信にとらわれたりしていたに違いありません。私たちの今日の文明は、さまざまな試行錯誤を通して、少しずつ知識を蓄積して今日にいたっているのです。

ここで改めて、壊血病の原因と治療法にみられたような方法はどうして有効なのかを考えてみましょう。その方法の本質的なところをつかめれば、一般化して他のさまざまな事例にも適用できるはずです。今日では、私たちはさまざまな数字やデータに取り囲まれています。ここでは身長と体重という身近なデータから考えてみたいと思います。

みなさんは、横軸に体重を縦軸に身長をとって、各人の体重と身長の組み合わせを描いた散布図というものをみたことがあるかもしれません。

散布図をみると、「体重が重いほど身長が高い」という関係を一目で発見することができます。しかし、この関係は統計学

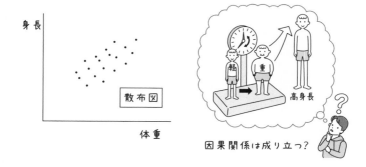

身長

散布図

体重

因果関係は成り立つ?

で相関と呼ばれるもので、**因果関係**とは異なっています。たしかに体重と身長には一見してそれとわかるような明白な関係があります。しかし体重を増やしたからといって身長が増えるわけではないことも自明なことでしょう。

　では、次に「因果関係」をとり出す方法について考えてみましょう。もし因果関係があるのであれば、「一方を変化させると、かならず他方が変化するような関係」があるはずです。こう考えると、因果関係は、何らかの実験的な状況を設定して、一方の値を変化させる実験的介入をおこない、他方の値が変化するかどうかを観察することによってとらえられるものだとわかるはずです。海軍医リンドの実験を思い出してください。彼は6種類の異なる治療を別々の患者に施し、それらの患者への効果を比較することで、ビタミンCの不足という壊血病の原因を発見することができました。

■ RCTの原理（1）：介入群と対照群をランダムに割り当てる

　以上のように、RCTは因果関係をとり出すために実験を用い

る手法です。図を使って、その考え方を整理しておきましょう。

　実験の対象となる人は被験者と呼ばれます。最初に被験者たちの集団が、**介入群**と呼ばれるグループと**対照群**と呼ばれるグループに二分されています。後に述べるように、この分け方がランダムであることが重要なポイントとなります。そして、「介入群」に対してはある一定の処置を施し、「対照群」に対しては処置を施しません。こうして、その結果がどうなったのかを介入群と対照群とで比較するのです。

　すでに述べた新薬の治験のプロセスをもう一度思い出してください。薬の効果をみるためには、対照群のほうに効果がないことがわかっている偽薬（プラセボ）を与えることが一般的でした。

　そしてこのとき、介入群と対照群とがランダムに分けられていることが効いてきます。なぜなら、これら2つのグループは「処置を施したか否か」という1つの点における違いしかないようになっているからです。こうしておけば、もしも介入群と対照群で実験結果に違いがあったときには、その違いが「処置を施したか否か」に起因することがはっきりします。RCTの最初の文字Rはランダマイズドの略ですが、ランダムな

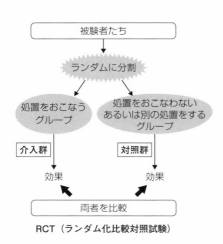

RCT（ランダム化比較対照試験）

割り当てが決定的に重要な役割を果たしているのです。

　もしも割り当てがランダムでなかったとしたら大変です。た
とえば介入群は男性ばかり、対照群は女性ばかりという割り当
てだったとしたら、どうなるでしょうか。万が一、新薬が「男
性にだけ効果の生じやすい薬」だった場合、その効能を正しく
見積もることはできなくなりますね。

■ RCTの原理（2）：「効果の差」を統計的に検定する

　さて、2つの群で結果に違いがあったときに、その違いが本
当に意味のある違いなのかどうかはどうやって確かめるので
しょうか。リンドの壊血病の例では結果は明らかでしたが、か
ならずしも明確な違いが得られないこともありえます。20世紀
の統計学の急速な発展を経た今日では、結果の違いは、統計的
手法を用いて調べるのが一般的です。簡単に、その流れだけ記
しておきます。

　まず、2つの群に違いがないと仮定します。この仮定のうえ
で、観察されたような実験結果が得られる確率を計算します。
その確率が非常に小さければ、2つの群に違いがないという当
初の仮定は疑わしいものになります。つまり違いがないという
仮説を一度立てたうえで、その仮説を退けるという方法なので
すが、なんだか回りくどいように感じるかもしれませんね。

　上記の考え方は重要ですが、少し難しいので、大学に入って
からぜひ挑戦してみてください。また、統計的手法を用いて確
実な結論を得るためには、一般的にデータの数が大きくなけれ
ばならないことも知られています。

4. 経済学と RCT

■ 経済学と実験

　ここで少し経済学の歴史も振り返っておきましょう。じつは経済学では長い間、実験的方法は有効ではないと考えられてきました。

　もちろん、経済成長するにはどうしたらいいのか、不況から脱却するためにはどのような政策が有効なのかという問題に対して、実験で有効な政策を知ることができたらとても素晴しいことでしょう。しかし経済学では今日でも、そのような問題に対する特効薬は知られていません。

　じっさい経済成長の原因をつきとめるためにどのようなRCT を試みればいいのか、なかなか想像はつきません。そもそも、多くの経済現象は歴史的時間と地理的空間のなかで生じているので、まともに実験してその結果を調べることなど難しいと思えてくるのは当然でしょう。さらに、たとえやってみたいRCT を思いついたとしても、ランダムに選ばれた対照群の被験者たちが置いてきぼりにあうことに異議を唱えるかもしれません（高額の開発費用が投じられた新薬ではなく、白い砂糖錠剤（プラセボ）が投与される対照群に割り当てられたら、あなたもがっかりしてしまうかもしれません）。

　このように、たとえばアベノミクスに効果があったのかとか、日銀のもとでおこなわれてきた金融緩和政策は有効だったのかといった経済学的問題は、実験ができない以上、なかなか明確な答えが得られないものとなっています。

■ 近年のノーベル経済学賞から

　しかし近年、実験は経済学ではまったく役に立たないという先入観をみごとに打ち破って、立派な成果をあげる人たちが登場してきました。2019年にノーベル経済学賞を受賞した開発経済学の研究は、その代表例です。

　受賞者となった3人の経済学者は、そもそも開発援助に効果があるのかという大きな問題に取り組むのではなく、開発途上国で学校の出席率をあげるにはどうしたらいいのか、生産的な農法を採用してもらうにはどうしたらいいのかといった、小さいけれども重要な問題を扱い、そこにRCTを導入しました。「グローバルな貧困を改善するための実験的アプローチ」とまとめられた彼らの研究は、ノーベル賞授賞理由を説明した文書で「わずか20年間で、彼らの実験ベースの新しいアプローチが開発経済学を転換してきた。今や開発経済学はもっとも生産的な分野となっている」と称賛されました。経済学にも、起業家的な努力が必要であることがよくわかる大きな成果です。

　さらに最近では、実験がおこなえない状況でも、実験的な発想を用いて因果関係に迫っていく研究が登場してきました。「自然実験」として知られている手法です。これは、実際には実験をしているわけではないが、ほぼ同じ属性をもっているとみなすことができる集団を探すところから始まります。

　ここでコロナ禍でのロックダウン政策の事例を思い出してみてください。デンマークとスウェーデンは、同じ北欧の国で、地理的にも文化的にも近い条件でしたね。このケースにおいて、ロックダウン政策を実施したデンマークを介入群、人々の

経済活動をそのまま認めたスウェーデンを対照群とみなせば、この状況がRCTの考え方に近いものであることがわかります。社会のなかで実験をおこなうことは容易ではないですが、意図せざる結果として、実験に近い状況が生まれているのです。

つづく第6章で取り上げる江戸時代の鎖国から開国へという例も、歴史的な変化に着目して、自然実験の考え方を取り入れたものといえます。

経済学が好むテーマにかんする自然実験の例も挙げておきましょう。たとえば、隣接していて非常によく似た場所があり、その一部が属する行政区域では最低賃金が引き上げられ、他方ではそうでなかったという状況があったとします。このとき、一方で失業が増えた、というようなことがあれば、それは最低

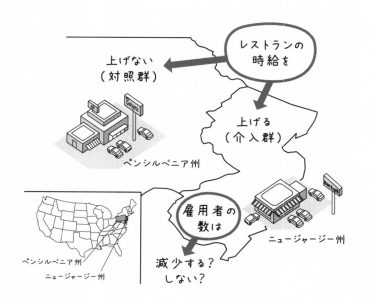

賃金引き上げの影響だと考えられるでしょう。実際に、2021 年にノーベル経済学賞を受賞した 3 人の経済学者たちが、このような研究をしています。アメリカの隣接する州のデータを用いて「最低賃金の引き上げは必ずしも雇用者数を減少させない」という結果が報告されました。

5. 今後の展開はみなさんにかかっています

　上記のような、さまざまな面白い研究結果が出てくると、さらにその理由を知りたくなってきます。RCT の考え方が取り入れられたことで、経済学には大きな刺激がもたらされ、研究はどんどん発展しているのです。

　もちろん、RCT や自然実験にも限界があることが知られています。ある地域でおこなわれた実験で得られた結果が、他の地域の実験でも得られるとは限らないという批判もあります。さきほどのアメリカでおこなわれた自然実験の分析結果が日本でそのまま成立するのかは、わかりませんね。

　それでも私たち人類は次々と新しいアイディアを用いて、これまで知ることが不可能と思われてきた新たな知見を生み出していくに違いありません。大航海時代の壊血病だって、最初は未知の恐怖だったのです。現在は、人工知能やデータ・サイエンスが急速に発展して、さまざまな領域に応用されつつあり、この潮流は経済学にも新風を巻き起こしていくでしょう。みなさんはそういう時代に生きて、学んでいるのです。これからの展開が楽しみですね。

（瀧澤　弘和・山村　和世）

教科コラム⑥ ［情報］統計学で身近な問題を解決しよう

　ナイチンゲールと聞くと白衣の天使のイメージが浮かぶかもしれません。彼女は「クリミアの天使」と呼ばれる有名な看護師です。同時に「統計学の母」とも呼ばれています。なぜ統計学が看護と関係するのでしょう。

　じつは、彼女が働いていたクリミア戦争時（100年以上前）の病院では、兵士の死亡率が40％以上でした。彼女はこの状況をどうにかしようとデータを収集・分析した結果、戦場での怪我よりも病院内の衛生環境の悪さが兵士の死因として大きいとつきとめました。その後の衛生改善で死亡率は数％にまで減って、多くの人が助かりました。まさに天使＆統計学の母ですね。このように統計学を使えば、常識がひっくり返るかもしれないのです。

　実際にどのようなことができるようになるのでしょうか。ここでは「レジ袋廃止は本当にエコなのか」と考えた生徒の分析結果を紹介します。

　最近レジ袋が有料化されましたが、使いすぎを防ぎ、CO_2排出量を減らすことが目的です。つまり、レジ袋をやめて別のバッグを使うときの環境負荷が低くないと意味がありませんよね？　でも実際の分析結果はこうでした。

［レジ袋を1回使用するよりも、環境負荷を低くするための使用回数］

　・ポリエステル製のバッグ　35回　　　　　　・布バッグ　840回
　・オーガニックコットンのバッグ　2400回

　なんと、これらのバッグを生産したり、輸送したりする際には、レジ袋よりもCO_2などの排出量が多くなるため、環境負荷が高くなるのです。エコバッグの環境負荷が想像より高いことが、データからわかりました。

　このように新科目の情報Ⅰでは、情報技術を活用し、身近な問題や経済のことを自分で分析して、問題を解決していきます。いっしょに新しい事実を発見していきましょう！

（久保田　誠）

教科コラム⑦ ［公共］「公共」は何を目指すのか
——安部公房「闖入者」から考える

　安部公房の作品に「闖入者」という短篇があります。これは、9人の男女に家を占拠された男を主人公とする作品です。9人の男女が前触れもなく主人公の家にやってきて、自宅であるかのようにくつろぎ始めます。主人公の男は出て行けというわけですが、彼らは理屈をこねてそれを拒み、出て行くどころか家に住みついてしまいます。

　本作で興味深いのは、9人の男女が共同生活には民主主義が重要だとしきりに強調するところです。彼らはことあるごとに民主主義を掲げ、自分たちのやり方こそが近代的だと主張します。たとえば、主人公の男に「食器を片づけ、お茶を入れる義務」があるかが問題になる場面で、9人の男女はそれは民主的に決めるべきだとし、多数決で決定することになります。もちろん、9人は義務があるとするほうに挙手するため、男の声は誰にも届きません。そのようなことが繰り返され、男は自宅にいるにもかかわらず生きた心地がしない日々を送ることになります。

　私たちは集団で物事を決めるとき、多数決をよく使います。そして決まった事柄を集団全体の意見とみなすわけですが、「闖入者」を読むと多数決という方法が万能ではないということに気づかされるでしょう。

　とはいえ国家のように多くの個人からなる集団の場合、多数決が合理的な意思決定の方法であることはたしかです。大事なのは、発言の機会を奪われた存在——「闖入者」の主人公のような存在——をださずに、開かれた状況で決定がなされることです。決定に必要な情報が与えられ、平等な立場で話し合いや対話をする機会があることが、民主主義においてはきわめて重要なのです。

　現在の日本には、社会保障や気候変動、エネルギー問題といった、経済と結びつきをもつ課題が数多く存在します。これらの民主的な解決に向けて、私たちは話し合いと対話を深めていかなければなりません。そのためには、政治や経済、国際社会に関する知識に加えて、幸福、正義、自由などの概念について考える能力が必要になります。公共は、そうした知識と能力を培うことを目指す科目であると私は考えます。

（若林　幹也）

第 6 章

時代の変動を
経済学から理解する

1. 社会の変化を理解するには

　なぜ学校では歴史の授業があるのでしょうか。歴史を勉強してもただ言葉や名前を暗記するばかりで、何も世の中の役には立たない、そう思っていないでしょうか。

　一方で、ドラマや漫画、ゲームの題材として注目されやすい時代や歴史上の人物があることに気づいている人もいるのではないでしょうか。戦国時代や江戸時代の終わりの幕末期は、最近のエンターテイメント作品のなかでもよく扱われる時代です。なぜこれらの時代がよく物語の題材になるかといえば、ひとつにはそれが激動の時代、そしてその後に大きな変化をもたらす時代であったからということがあるでしょう。

　たとえば幕末期は、250年以上に及んだ徳川幕府の政権が内外でのさまざまな動揺に揺れる時期であり、明治維新が起きて政権が交代した後には、文明開化の時代と称される近代化・産業革命の時代が来るという、社会の激動と大きな変化の前触れが起きた時期です。産業革命とは、18世紀のイギリスで始まった社会変化ですが、それは現在の私たちの生活に多大な影響をもたらしています。私たちが日常的にしているような、どこかへ行くのに電車や自動車に乗るのも、テレビやスマホで動画を見るのも、工場や発電設備が日々動いていてこそできることですが、その制度と技術のすべてが産業革命によって発達してきたものだからです。幕末の時代は日本にとって、世界に目を向けて外からさまざまな知識と技術を手に入れられるようになる、そのための変化の時代でした。

　こうした変化に注目するのは、エンターテイメントの世界だ

けではありません。学問の世界でも、変化の時代の経験を知ることは重要です。

　経済学の視点では、歴史は経済学にとって実験室としばしばとらえられます。経済学は人間社会の経済の仕組みや法則を解きあかそうとする学問ですが、医学や薬学の世界でも人体実験が基本的に禁止されているように、経済政策や何らかの経済的環境の変化による影響を、現実の人間社会で実験することはできません。しかし、歴史を紐解けば、人間社会ではさまざまな変化が起きてきたことがわかっています。それを実験として見ることで、経済学者は経済の仕組みを学び、その法則を探ってきたのです。

　歴史上の多くの社会変化や問題は何が原因で起こり、どう解決されてきたのか。それを理解することは、現在の問題を解明し、未来のための解決策を探ることにもつながります。どうすれば不景気が解消されるのか、戦争は人々の生活に何を引き起こすのか、どうすればもっと人々は豊かになるのか——経済発展を遂げることができるのか。歴史上の経験を分析しその要因を理解できれば、現在にも適用可能な、新たな経済理論が作られるのです。

　とりわけ江戸時代の日本は、長い年月鎖国した状態にありました。鎖国とは、経済学の見方でいうと**閉鎖経済**の状態にあるといえます。他の国とは関係なく、たった一国だけですべての必要資源を自給自足している状態です。現代のグローバル化した社会のなかでは、そんな国は世界のどこにも存在しません。経済学の教科書のなかにだけ、想像のなかにだけ存在する状態です。しかしその状態が幕末の日本には存在していました。そ

んな国が幕末に開国し、世界経済とつながったとき——**開放経済**の状態に置かれたとき、何が起こったのか。これは経済学にとって、壮大な実験の経験です。本章では、日本の幕末の経験とその意味を、経済学の視点から考えてみます。

2. 幕末の日本で何が起こっていたのか ——教科書からわかること

まず、幕末の日本、とりわけその経済に何が起こっていたのか、高校の日本史の教科書でわかることを整理してみましょう。

■ 開港前の外交と産業

そもそも、江戸時代の日本が採ってきた鎖国政策とはどういったことでしょうか。一般に鎖国と呼ばれる徳川幕府の外交政策は、幕府による貿易統制と日本人の海外渡航禁止のことを意味します。幕府がこうした他国との交流制限をおこなうにいたった背景には、安土・桃山時代に南蛮貿易が盛んになった結果、国内にキリスト教が広まったことがありました。

16世紀ごろに大航海時代を迎えたヨーロッパ諸国は、世界中の国と交易をおこない始めました。当時のヨーロッパ諸国との貿易を、日本では南蛮貿易と呼びます。南蛮貿易のなかには、アジアからの品物を中継貿易で運んでくる商人たちも多くいました。そのなかでも中国の生糸（絹糸）は当時、京都西陣などでの日本の高級絹織物生産を支えており、日本にとって重要な輸入品でした。

鉄砲や火薬の輸入など、南蛮貿易は戦国時代の日本の軍事に

も重要な影響をもたらしましたが、それはキリスト教宣教の拡大と表裏一体で、キリスト教に改宗した大名のなかにはイエズス会に領地を寄付するものも現れました。寄付された領地は日本ではなく、他国の領土となってしまいます。こうした動きに警戒感をもった豊臣秀吉は、東アジア間の貿易を推進しながらもキリスト教の抑制を課題とし、バテレン追放令を出しました。

　政権が徳川家に代わると、1612年に直轄領でキリスト教を禁教とするなど、さらなる強い対抗姿勢が打ちだされました。キリスト教徒の団結によって起きた反乱である1637年の島原の乱を受け、幕府は南蛮貿易自体の制限へと踏み切ります。徳川幕府は貿易相手をキリスト教の布教をしないオランダと中国に限り、また彼らとの貿易港を長崎一港に限定し、日本人の海外渡航はすべて禁止しました。この政策がいわゆる鎖国と呼ばれるものです。

　このように国際貿易は限定的になりましたが、国内経済は成長していきました。幕府や大名が大規模な農地の開発を推進したことで、江戸時代初めからの200年間で日本の耕地面積は約1.8倍に激増しました。戦国末期に朝鮮から伝わった綿作は、肥料の発達もあいまって各地で特産物となり、木綿が庶民の衣料として普及しました。また、17世紀後半に幕府が中国からの生糸の輸入を制限したことで輸入によって国内需要が満たせなくなったため、日本国内での生糸（絹糸）の生産量が増加していきます。国産生糸を原料にするようになった絹織物は京都西陣のみならず、桐生や伊勢崎など北関東にも生産地が拡大していきました。

　幕末の開港前の日本では鎖国政策にもかかわらず国内だけで

の商品経済が発達し、手工業が発展していたのです。もっとも世界では、18世紀に始まったイギリス産業革命の成果として、手工業よりも安価な機械製の工業製品が登場してきていました。

■ 開港後の貿易と経済

　1853年、アメリカのペリー総督が大統領の親書をたずさえて来日し、幕府に開国を迫りました。幕府はペリーの強硬姿勢に屈し、1854年に日米和親条約を締結して箱館・下田を開港し、そこでの燃料や食料の供与を許しました。幕府はこれに続きイギリス・オランダ・ロシアとも同様の条約を結び、その過程で長崎も開港地に加えられました。

　さらに1858年には、上記4カ国にフランスを加えた欧米5カ国と修好通商条約を締結したことにより、200年以上続いた日本の鎖国体制は完全に終わりを迎えることになりました。この条約は、①神奈川（横浜）・長崎・新潟・兵庫の開港と江戸・大阪の開市、②通商の自由貿易の原則、③開港場での居留地設置、④領事裁判権の容認、⑤協定関税（日本側の関税自主権の欠如）などを取り決めており、後に不平等条約という不満を日本に抱かせることになります。

　鎖国体制の終焉により、日本経済には大きな変化がもたらされました。最大の輸出品となった生糸のように、国内生産が飛躍的に上昇する商品もありました。生糸貿易に携わった在郷商人の成長は、幕末の日本に小資本家を誕生させることにもなりました。しかし輸出が拡大した結果、品不足が起きて、国内価格は高騰しました。原料不足のため西陣織などの絹織物生産は停滞し、混乱を招きました。

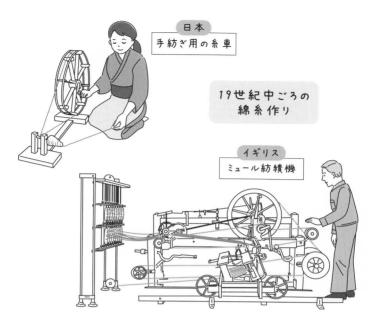

日本
手紡ぎ用の糸車

19世紀中ごろの
綿糸作り

イギリス
ミュール紡績機

　輸入では、日本国内の綿製品への影響が大きくありました。
当時のイギリスの世界戦略商品だった綿糸や綿織物などの綿製
品は、機械生産による安価な強い商品であり、この国際競争力
に日本国内の綿製品は勝てなかったのです。綿花栽培農家や、
綿の糸や綿布を作る手工業に携わる人々は、産業の衰退に直面
しました。

　通貨の面でも大きな影響がありました。修好通商条約では、
貿易取引に際して日本と外国の通貨は金・銀同種類のものは同
量で通用させる約束になっていました。しかし当時の日本の金
銀交換比価はおおむね1：5であったのに対し、欧米では1：
15だったので、外国人は日本で自国より安く金を入手できる
ことになり、大量の金が日本から流出してしまいました。

幕府はこうした輸出による品不足と物価高騰の対策に、1860年に五品江戸廻送令を発布しました。雑穀や燃料などの日用品と生糸は横浜港に直送することを禁じ、江戸市場経由で流通させることで、国内に必要な商品を確保しようとしたのです。しかし欧米諸国の反発や貿易で利益を上げていた在郷商人側の抵抗もあって、あまり効果はありませんでした。

　長い鎖国からの急激な国際貿易の拡大は日本経済に大きな混乱と変動をもたらしました。それは人びとの幕府と外国に対する不満となって、排外運動である攘夷運動の活発化をもたらし、やがて倒幕運動に対する民衆の期待となり、明治維新につながっていきます。

3. 経済学の視点から

　それでは、前節の内容を踏まえ、経済学の視点から「なぜそういうことが起こったのか」を考えてみましょう。

■ 鎖国を経済学的に考える

　幕末開港のころの日本経済を理解するうえで、まず重要な前提となるのはそれまでの日本が鎖国状態にあったということです。本章冒頭でも少し触れたように、鎖国している状態というのは、大学に入って学ぶもっとも初級の経済学のなかでよく例題に出てくる閉鎖経済という状況といえます。「閉鎖経済」とはその国が、世界の他の国とは切り離された経済圏のなかで自給自足している状態を指します。1つの国の経済の動きを理解するうえで貿易や他国の影響を初めから計算に入れて考えるこ

とは難しいので、経済学を初めて学ぶ人にはこうして、現在の世界には存在しないモデルケースを想定して一国のなかの経済の仕組みを理解してもらうのです。

　閉鎖経済はいまの世界では非現実的なモデルですが、17世紀から19世紀中盤までの世界には現実に、日本という閉鎖経済の国が存在しました。初級の教科書が想定する閉鎖経済モデルの国が、世界経済と接続して開放経済の状況下に置かれたら一体何が起こるのか、経済学的な視点からは何が予測できるでしょうか。

　閉鎖経済の状態では、他国の品物が貿易をつうじて国内に入ってこないだけでなく、自国以外の世界がどうなっているのか、情報も入らなくなります。もちろん、現実の江戸時代の日本では、オランダや中国、朝鮮などとの貿易が細々と続けられており、完全な閉鎖経済ではありませんでしたが、そこからの品物や情報は少数の人にしか手に入らなかったのは確かです。そうなると当然、人々は外の世界のことに疎くなります。海外ではよく知られている知識も日本ではまるで知られていない、そういうことが沢山発生します。これを、経済学の用語では**情報の非対称性**が存在している状態だといいます。あちらとこちらとで同じ情報が共有されていない、そういう状態です。

　現代社会では各国経済は国際貿易やインターネットをつうじて、互いに情報と物品をやりとりしています。自由なグローバル経済のなかでは各国各地域はお互いの状況を知ることができますから、「自国で作ることは難しいもの・自国には無いもの」を「自国で作ることが得意なもの・自国では余っているもの」と交換して手に入れようとします。結果的に、自国で作ること

が難しいものや、自国で作った方が輸入するより高いものはその国では作られなくなることもあります。こうした、各国が得意とする品物にもとづく国際貿易における役割の分担の発生のことを、リカードという経済学者は**比較優位**による**国際分業**の進展と説明しました。

いろいろな作業があるなかで、お互いの得意なこと、苦手なことがわかっていれば、それぞれ得意な人に得意な作業をやってもらう方が効率的だというのは、皆さんも普段の生活で経験があるのではないでしょうか。互いの国の経済のなかで得意なもの・有利なものを各々理解したうえでならば、国際貿易のなかでの比較優位による国際分業は、お互い納得のうえで穏やかに効率化が進んでいくでしょう。現代社会の国際分業はおおむねそういった平和的なものです。

しかし、幕末の日本のように、それまで他国の品物のことも国際貿易の状況のことも知らずに突然に開国した場合、情報の非対称性があらわになり、さまざまなトラブルが起きます。当時の日本にやってくる他国の貿易商人は、日本以外の世界各国で必要とされている商品やその値段の相場を理解していますが、日本側の商人はそういった世界市場の情報を何もわからない状態で彼らと取引をすることになったのです。

■ 開港によるモノへの影響：輸出と輸入と国内産業

日本側が何も世界の情勢を知らないまま貿易が始まった結果、何が起きたのでしょうか。まず絹の輸出です。絹は中国が原産国ですが、日本では租庸調といった古代の税制のなかにも見出せるように、奈良時代にはすでに国内で作られるように

なっていました。一方で世界的には、絹は極東でしか生産されない貴重な布として、古代ローマ帝国の時代にはすでにユーラシア大陸の西側でも珍重される国際的高級品になっており、その高級感は21世紀の現在まで世界的に保たれています。

日本が開国したころには欧州の一部でも絹は生産で

このドレスも、靴下も、シルク製！

おしゃれなドレスやハンカチは絹が一番

「シルクハット」もちろんシルク！

きるようになっていましたが、生産量が需要に追いついていない状態でした。ちょうど産業革命の進展により豊かになりつつあった世界中の人々は、プチ贅沢としてのおしゃれを、もっともっとと求めていたのです。そこで遭遇した日本の絹糸——生糸は、当時日本にやってきた欧米の貿易商の目にも当然、とても魅力的な商品でした。

彼らは日本国内での絹の価格帯なんて知りませんから、日本国内での相場より高かろうと自国の相場より安ければ買っていきます。日本側の商人はそれで、「開港場に生糸をもっていけば、それまでのように国内で売るよりも高く売れる」と理解します。しかしもともと日本国内の絹は、日本国内の需要を満たすためだけに生産されたものです。それを高く売れるからとどんどん国外に売ってしまえば、国内需要を満たせなくなります。国内での品不足が起きたのです。五品江戸廻送令は、この

ように開港場の商人が国内で必要な分までどんどん外国商人に品物を売ってしまうことを防止するために制定された法律でした。

　一方でそれまで日本で長年栄えていたのに開港したことによって没落してしまった産業もあります。畑で綿花を育て、その綿から糸を作り、その糸から綿布を作る一連の産業——綿工業です。18世紀にイギリスが産業革命によって綿糸を作る過程を世界で初めて機械化して以来、世界的には手作業での紡績は非効率的で割に合わないと、どんどん廃止されていきました。糸を布にする過程も機械化されていきました。そんななか、開港と同時に日本は、海外で機械によって作られた安価な綿製品に初めて出会いました。すべて手作りの日本の綿製品はコスパが悪いと、幕末の人々はどんどん綿製品を輸入するようになり、国内の産業は没落していったわけです。

■ 開港によるカネへの影響：国内外での金銀の資源量と価値の差

　また、これは世界史の教科書の情報になりますが、日本がかつて17世紀に鎖国した後、世界的には南米のポトシ銀山などの開発が進んでいった結果、金に比べて銀が相対的に希少ではないものになり、銀安になっていきました。しかし江戸時代の間中、日本は世界での金銀の価値の変化など知らないわけですから、日本国内にある金銀だけで金銀の相対的な価値基準を決めていました。結果的に、19世紀中盤に日本が開国したとき、日本における銀の価値は世界市場と比べて3倍の評価になっていました。日本でだけ、金に対する銀の価格がとても高くなっていたのです。これが日本史の教科書のいう、幕末における海外との**金銀比価**の違いの意味とその由来です。

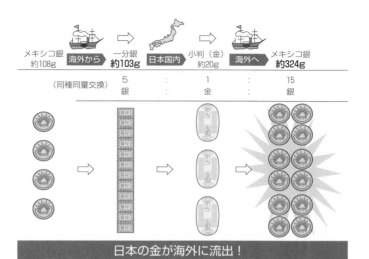

メキシコ銀 約108g ［海外から］ 一分銀 約103g ［日本国内］ 小判（金） 約20g ［海外へ］ メキシコ銀 約324g

（同種同量交換）
5 : 1 : 15
銀 : 金 : 銀

日本の金が海外に流出！

　外国から訪れた商人は日本での銀の価値の高さを目にして、これはチャンスだととらえます。何しろ自分の国ではあと３倍の銀を積まなければ買えない量の金が、たった少しの銀で手に入るのですから。彼らはそれで手に入れた金を、日本から出て他の国の港で改めて銀貨に替えるわけです。たった１枚の銀貨が、日本を経由させるだけで３倍になる、まさに夢の儲け話です。しかもそれは開港当初、非合法な取引でも何でもなかったわけです。

　日本側の商人は、海外での金銀比価のことなど当然何も知りませんから――これが「情報の非対称性」です――、取引をもちかけられれば普通に海外の商人と金銀を交換してしまいます。幕末の日本からは、見る見るうちに国際市場に金が流出していきました。国内と海外での金銀比価の差を知らず、何の対策もしないまま開港した当時の日本政府、徳川幕府の政策的な

ミスといえます。

　鎖国状態すなわち閉鎖経済での自給自足は、誰にも頼らずに自立している、ととらえると、とてもよい状態のように思う人もいるかもしれません。しかしその国以外に別の国が、外部に世界が存在していることを前提にすると、閉鎖経済での自給自足は続ければ続けるほど、世界との価値基準の差を生み、情報の非対称性の拡大を生んでしまうのです。鎖国というのはいわば誰とも会わずネットもテレビも見ず引きこもっている状態です。その状態でたとえ自給自足が成り立っていたとしても、それは苦手なことでも無理矢理やっているということであり、また、外ではもっと便利な技術が発明されていたとしてもそれに気づかないまま、従来の非効率的な方法を続けてしまいやすい状態なのです。

4. 歴史が現在に教えてくれること

　幕末の日本を事例に、経済学の視点から物事をみるというのが、本章の狙いでした。歴史の勉強なんて意味もない事件と人名をただ暗記するだけだという考えからは、抜け出せたでしょうか。

　歴史を知っているということは、自分自身で直接経験していない経験までを、自分の判断材料に利用できるということです。歴史の知識に加えて、本章のように経済学の知識を身につければ、それは現代社会にも通用する、経済の性質や現在の問題を理解することにつながります。

　江戸時代の初めに鎖国することを選んだ日本は、結果的に世

界の価値基準を何も知らなかった幕末の日本を作り上げてしまいました。情報の非対称性、一方的に知らないことがあるということがどれほど経済活動において不利になるか、幕末のころの日本人は実地で経験させられました。そしてそれは日本国内の品不足からの物価高騰、市場の機能不全を招き、日用品を買うことにすら不便をもたらして、人々の生活を脅かしました。

　こうした国内経済の混乱と、その混乱を政策によって改善することのできない政府への不満が、政府を転覆させようとする運動、いわゆる倒幕運動が盛り上がる下地になったのです。明治維新の原動力は、単なる鎖国体制や天皇による統治体制へのノスタルジーではなく、雄藩（ゆうはん）と幕府の単純な政治的勢力争いでもなく、こうした日本国内の、経済的な問題を解決しようとする運動のなかにもあったのです。

　だからこそ、徳川幕府が倒れた後に、時代は大きく変化しました。幕府を倒して成立した明治政府による殖産興業政策は、明治政府の高官の多くが幕末には攘夷を、つまり外国の排斥を主張していたにもかかわらず、海外の新技術をいかにいち早く受容し日本国内の技術レベルを上げ経済発展していくかに力点を置いていました。幕末の日本における閉鎖経済体制からグローバルな開放経済体制への移行は、その瞬間には日本経済に大きなショックを与え、鎖国へ戻ろうという排外主義的で保守的な反動を含めてさまざまな動乱を引き起こしましたが、結果的には当時の日本は、新しいものを受容していく方向に舵を切ったのです。

　情報のあふれるグローバル経済のなかの現在でも、情報や知識の収集を怠ると、世界的な最先端の技術や流行に遅れて取り

残されてしまうことは起こります。たとえば2000年代ごろの日本の携帯電話製造は、スマホが登場する前からインターネット接続を可能にするなど優れた技術をもっていましたが、今のスマホのような汎用アプリによる多機能を備える方向には進化せず、世界に取り残されたガラパゴス化した技術だと評価され、ガラケーと呼ばれた日本独自の携帯電話は衰退していきました。新しい世界の潮流を学ぼうとしなかったからです。

　他人を知らず、世界を知らず、無知のままでいることは、自分自身の得意なこと苦手なことに対する認識すら曖昧にしてしまいます。多様性の重要性が叫ばれる現代社会ですが、実際、自分たちと違うものとの遭遇とその理解は、幕末から明治の文明開化にみられるように、新しい価値観や社会の変化を生み、そして技術の発展や経済成長をもたらしてきました。みなさんもぜひ、歴史の勉強をつうじて、いつか何か新しいものと出会ったときに情報の非対称性ができる限り起こらないように、さまざまな知識を身につけていってください。

（田中　光・岡田　充功・磯﨑　達朗）

教科コラム 8 ［理科］ 対象を計量する

暑い夏休み、中央大学附属横浜高校1年生のAさんは気になりました。「どんなデザインの羽根にしたら、ハンディ扇風機の電池を効率よく使えるだろうか?」Aさんは自分で調べてみようと思い「どんなデザインの羽根にしたら、ハンディ扇風機の風の強さが最も強くなるか?」という課題を設定しました。羽根の枚数は? 角度は? 面積は? あなただったら、どんなデザインの羽根をつくりますか?

Aさんは、工作用紙でつくった羽根をモーターにつけ、乾電池をつないで動かしました。さあ、どうやって風の強さを計量したのでしょうか? 長方形の厚紙の一辺にストローをつけ、ストローに竹串を通して、クランプで竹串を空中に固定しました。厚紙が風を受けると、ストロー・竹串を軸にして回転します。Aさんは、厚紙の回転した角度を風の強さとしたのです。

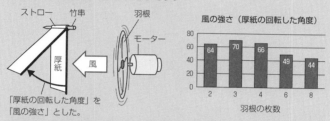

「厚紙の回転した角度」を「風の強さ」とした。

風の強さ（厚紙の回転した角度）

歴史ある小・中学生対象のコンクールのホームページに、エアコンや扇風機のない小学校に通う3年生のBさんの研究が載っていました。「暑い日は、仕方がないので下じきであおいでいますが、うちわであおいだような強い風は来ません。」というのです。Bさんは、うちわによる風の強さを計量しました。うちわであおぐ位置を中心として、放射状にたくさんのロウソクを一定の間隔で並べました。Bさんは、消えたロウソクの本数を風の強さとしたのです。

科学の特徴の1つに「対象を計量する」ということがあります。扇風機やうちわの性能の良さを相手に伝える際に、計量した値を示すことでわかってもらおうと試行錯誤を重ねたのだと思います。答えのない課題と向き合う時代です。理科でも経済でも、教科書で既知のことを覚えたのちに、未知なる答えをみんなで試行錯誤してつくっていけたら最高ですよね。コロナの時期を経て、話題のCPI（消費者物価指数）。そういえば物価はどうやって計量しているのでしょうか? みなさんも、気になるもの、自分で計量してみませんか。

（大矢 太郎）

第 7 章

香辛料×大航海時代 ＝資本主義？

1. 大航海時代を経済学的に解釈する？

　大航海時代を覚えていますか。中学・高校で習ったアレです。教科書によれば、スペインのイサベル女王の支援を受けたコロンブスの航海などにより、アメリカ大陸のような地理上の発見がなされ、世界の一体化が始まった時代です。

　大航海時代の知識は世界史の授業でのみ役立つわけではありません。この章では、香辛料と銀という切り口から大航海時代を経済学的に読み解いてみましょう。

2. 大航海時代ってどんな時代？

　大航海時代とは、15〜17世紀にヨーロッパ人が大西洋を起点にアジアやアメリカ大陸にいたる新航路を開拓し、世界各地に進出していった時代です。とくに、最初の段階ではポルトガルとスペインが活躍します。

　ポルトガルは、15世紀に入るとムスリム支配下の北アフリカに進出し、また航海王子とも呼ばれたエンリケやジョアン2世のもとでアフリカ西岸の探検をおこない、さらに、東回り航路（アジア航路）の開拓を目的に南大西洋へ探検隊を派遣しました。そして1488年、バルトロメウ＝ディアスがアフリカ南端の喜望峰に到達し、ヨーロッパとインドを直結する航路が初めて開かれました。

　一方、ポルトガルに後れをとったスペインは、大西洋を横断してアジアに向かうコロンブスの西回り航路（新大陸航路）計画を支援し、彼の船団は西インド諸島のサンサルバドル島に到着

し、後にアメリカ大陸にも上陸しました。アメリゴ＝ヴェスプッチは、ここがアジアでなく未知の新世界であるととなえ、アメリカの呼び名の起源となりました。スペインによる西回り航路の探索は続き、マゼランの計画を支援した結果、彼の艦隊は南アメリカ南端を経て、初の世界周航を達成しました（1522年）。

　この結果ヨーロッパでは国際商業が経済の柱の1つとなり、また商業革命が起こり、経済の中心は地中海沿岸から大西洋沿岸地域に移動しました。

　スペイン・ポルトガルの海外交易が王室の独占下にあったのに対して、16世紀末から進出したオランダ・イギリス・フランスなどは、より効率的な会社組織で対抗しました。とくに1602年に既存のアジア交易の会社を連合させたオランダ東インド会社は、喜望峰とマゼラン海峡の間（インド洋・太平洋海域のアジア方面）における交易を独占しただけでなく、領土や軍隊の保持などの国家に準じる権限を政府から認められた特許会社

を創設しました。オランダ東インド会社は、最初の株式会社といわれる組織的な先進性と、先行していたイギリス東インド会社の10倍といわれる豊富な資金で、他のヨーロッパ諸国をリードしていきました。

　しかし当時のヨーロッパ人たちは、なぜこれほどまでに積極的に世界の海へ進出していったのでしょうか。その背景には、マルコ＝ポーロが『世界の記述（東方見聞録）』で紹介した「黄金の国ジパング」に代表される東洋の富へのあこがれ、オスマン帝国の地中海進出への危機感、羅針盤や新型の帆船が実用化され、天文学や地理学の知識が増えていたことなどがありました。

　そして、ヨーロッパ人をより具体的に世界にひきつけたのは、アジアの香辛料とアメリカの銀でした。まず、香辛料についてです。下の図1（『世界史図録ヒストリカ』（新訂版）より作成）を

図1　香辛料と利益率

コショウ	現地価格 約6クルサード ↓約260%の利益 ヨーロッパでの価格 約22クルサード	シナモン	現地価格 約6.6クルサード ↓約280%の利益 ヨーロッパでの価格 約25クルサード
クローブ	現地価格 約10.6クルサード ↓約470%〜520%の利益 ヨーロッパでの価格 約60〜65クルサード		ヨーロッパに香辛料を運ぶだけでこんな利益に！！

みてください。

　アジアで購入した香辛料をヨーロッパで販売すると、非常に利益が出ることがわかるでしょうか。じつはヨーロッパでは生産できずきわめて貴重だったコショウなどの香辛料は、西ヨーロッパで 14 世紀以来肉食が普及し、富や権力の誇示にも用いられたため需要が高まっていました。

　次に銀についてです。少し高校教科書レベル以上の話になるのですが、じつは当時のヨーロッパでは、香辛料だけでなく銀も慢性的に不足していました。しかし、1545 年になると今のボリビアでポトシ銀山が発見され、ついでメキシコでも有力な銀山がみつかりました。これによってアメリカの銀山から大量の銀がヨーロッパに流入し、その銀は人口増加や経済活動が活発化したためにより多く必要とされた銀貨の素材となりました。その結果、ヨーロッパの物価は 2 〜 3 倍に上昇しました（この物価騰貴（物価や相場が上がること）は価格革命と呼ばれることもあります）。また、アジアの物産の対価としてその銀貨はアジアにも大量にもたらされ、中国では銀による納税制度が成立しました。銀によって世界経済の一体化が始まったのです。

　ここまでの話を整理してみましょう。どうやら大航海時代以前のヨーロッパでは、高い需要があったものの、ヨーロッパ域内では賄いきれない品物（香辛料や銀など）が存在していたようです。それを手に入れたいという欲求が、ヨーロッパの人々を大航海時代に駆り立てたといってよいでしょう。こうした現象を経済学的に説明するとどうなるのでしょうか。次の節に進んでみることにしましょう。

3. 経済学で大航海時代をとらえ直すと？
   ──香辛料の場合

　経済学では、欲しい量に比べて入手可能な量が少ないことを**希少性**といいます。ヨーロッパの香辛料需要の拡大は、香辛料の需要と供給の不均衡をもたらしました。香辛料のこの希少性を新航路の開拓や新しい供給組織によって解決しようとしたのが大航海時代です。

　希少性の問題は一般に価格変化をつうじて解決されます。需要に比べて入手できる量が少ない（希少な）とき、価格は上昇します。すると、上昇した価格のもとで一部の人々が購入をあきらめ、需要と供給が一致します。これが大航海時代以前のヨーロッパの香辛料の状況でした。逆に、当時のアジアは需要に比べて香辛料の供給が豊富であり、希少性が小さくて低価格でした。この価格差を利用して利益を得ていたのがイスラーム商人やヴェネツィア商人です。しかし、彼らとは別のルートで香辛料をヨーロッパにもってこられれば、たくさんの儲けが得られるでしょう。これが、ポルトガルやスペインが海路によってアジアを目指した経済的理由です。

　当時、ヴァスコ=ダ=ガマ一行は、ポルトガルを出て10カ月以上の航海を経てインドに到着しました。コロンブス一行は、スペインから西に2カ月以上も大西洋を航海してサンサルバドル諸島にたどり着きました。航海中の食事は（一部の例外を除いて）腐らないように乾燥させたマズくて劣悪なものであり、新鮮な野菜や果物の不足から壊血病で命を落とす乗組員が続出しました。途中で死ぬリスクにもかかわらず、お金儲けを夢み

て多くの人びとが未知の世界に飛び出していったのです。

■ 香辛料から株式会社？

　希少性が供給ルートだけでなく供給組織も変える場合があることも、大航海時代から学ぶことができます。ポルトガルの後にアジアの香辛料取引を支配したのはオランダでした。その中心的組織がオランダ東インド会社です。

　オランダ東インド会社は、会社が倒産したときにも、株主は会社に拠出した資金（出資分）以上の責任を負わなくてよいとしました。これを**有限責任制**といいます。この有限責任制は現在の株式会社にも引き継がれています。そのため、1602年に設立されたオランダ東インド会社は、株式会社の歴史的起源とされます。

　株式会社の誕生以前には、1回の航海ごとに出資者を募集し、船舶や船員の手配をおこない、儲けは航海終了後に配当金として出資者に分配されていました。しかしオランダ東インド会社の設立後には、1回の航海ごとに出資者の募集や船舶・船員の調達をしなくなりました。その代わりに、株式を発行して資金を調達し、会社に雇われた船員が会社所有の船舶に乗り込んで航海したのです。

　その場合、出資者や船主や船員を毎回探し出して交渉をおこなう労力や手間が省けます。こうした労力や手間を市場で取引（船舶の調達や船員の雇用）をおこなう際の費用とみなし、**取引費用**と呼びます。経済学では、この取引費用の節約という点に企業の存在理由を求めます。もしも1回ごとの航海や事業の際に前述の労力や手間のような取引費用が一切かからなければ、

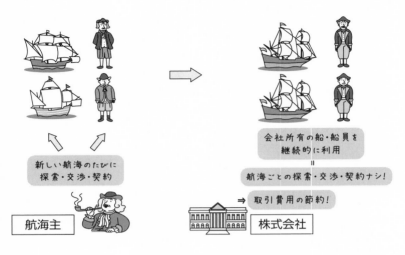

新しい航海のたびに
探索・交渉・契約

航海主

会社所有の船・船員を
継続的に利用
＝
航海ごとの探索・交渉・契約ナシ！

⇒ 取引費用の節約！

株式会社

企業（会社）のような継続的な組織を設立しなくてもよいで
しょう。

　こうしてヨーロッパにおける香辛料の希少性が大航海時代を
到来させ、現在の資本主義（雇う者と雇われる者の関係を中心に儲
けを無限に追求する経済社会）の主役である株式会社の誕生に導き
ました。オランダ東インド会社は、企業の存在理由を経済学的
に理解するための絶好の歴史的教材なのです。

4. 経済学で大航海時代をとらえ直すと？ ——銀の場合

　大航海時代以前のヨーロッパでは、貨幣経済化の進展によっ
て銀需要が増加し、銀は需給不均衡（希少性）の状態でした。
こうしたなかで 1545 年に南アメリカでポトシ銀山が、翌年に
はメキシコでも銀山がみつかります。採掘された銀はスペイン

経由でヨーロッパに流入し、銀貨として流通しました。

銀は、それ自体が高い価値をもち（高価値物）、溶かして等しい価値の部分に分割でき（等分割性）、腐りません（非腐朽性）。以上の性質を兼備した銀を貨幣として用いれば、他のモノと交換する際に便利でしょう。高価値物ゆえに大量に持ち歩かなくても他のモノと交換でき、等分割性ゆえにさまざまな価値をもつ他のモノと容易に交換可能であり、非腐朽性ゆえに保存がきくため他のモノと喜んで交換してもらえるからです。

たとえば木材の所有者は、木材と毛織物を直接に物々交換するよりも、木材を売って得た銀貨で毛織物を買うほうが取引費用を節約できるでしょう。貨幣との交換には誰でも応じてくれます。そのため、木材を欲しがる毛織物の所有者をピンポイントで探す労力・手間よりも、木材が欲しい人と毛織物をもつ人を別々に探す労力・手間のほうがじつは小さくて済むのです。こうして貨幣を介した交換は、取引費用の節約を可能にし、交換取引を活発にするでしょう。

この貨幣の素材であり、以前にはヨーロッパで希少であった銀が大航海時代以降にアメリカ大陸から大量に流入したのです。その結果、ヨーロッパの物価は上昇しました。『国富論』を書いたアダム＝スミスもこの事実に注目し、当時の物価上昇は銀の流入に起因すると論じています。

■ 貨幣数量説で考えると？

経済学では通常、物価上昇を次のように理解します。貨幣量の増減が物価を騰落させる（上下させる）という学説を**貨幣数量説**と呼びます。経済全体のモノの量が変わらずに貨幣の量だけ

が増えると、モノの購入に以前よりも多くの貨幣量（貨幣額）が必要になり、物価が上昇するでしょう。こうして貨幣数量説では、インフレ・デフレの原因は貨幣量の変化にあると主張します。

ただし当時のデータによると、ヨーロッパの物価上昇は銀の流入以前から生じており、穀物（小麦）価格の上昇率は製造品価格や賃金の上昇率を上回っていました。そこで、銀の増加以外に物価を上昇させた要因があるはずです。それは当時の人口増加でした。人口増加は穀物需要を増加させ、穀物価格を上昇させます。この穀物価格の上昇は人々の生活費（人々を雇うためのコスト）を上昇させ、最終的には商品価格に上乗せされて物価上昇にいたると考えられます。

アメリカ大陸産の銀はスペインに運ばれた後、ヨーロッパの西から東へと流入しました。実際、銀の流入による物価上昇はヨーロッパ各地で一斉に起こったわけではありません。一般

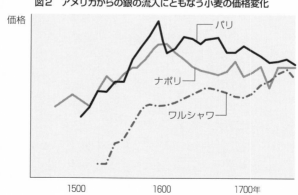

図2　アメリカからの銀の流入にともなう小麦の価格変化

に、西ヨーロッパに比べて東ヨーロッパの物価は遅れて騰貴しました。しかも当時、オスマン帝国が黒海からエジプトの穀倉地帯に勢力をのばし、地中海西部への穀物供給を不安定化させました。ここでオランダやイギリスの商人は、（価格騰貴が遅い）東ヨーロッパで買い付けた穀物を（価格騰貴が始まっていた）地中海西部で販売しました。その結果、彼らは価格騰貴の時間差・地域差を利用して大きな利益を得たのです（図2（『世界史図録ヒストリカ』（新訂版）より作成））。

■ 経済社会そのものを変えるマネーの力

　では、大航海時代から生じたヨーロッパの物価上昇は、当時の社会にどのような影響を与えたでしょうか。貨幣の形で一定額の地代（土地のレンタル料）を受け取っていた諸侯や地主の力は、同じ貨幣所得で以前よりも高い価格の商品を購入したので弱まりました。逆に、穀物価格が上昇しても一定の貨幣地代しか支払わなくてよい農民層の力は強まりました。また商品価格が賃金よりも速く上昇すれば、その差額の儲けが増えて商工業者が利益を得る一方で、賃金労働者の生活は苦しくなるでしょう。こうして、高い資金力によって多くの人々を雇える者があらわれてきました。社会が雇う者と雇われる者に大別されて儲けが無限に追求される資本主義が実際に形成されるのは、ずっと後の産業革命以降の時代です。しかし、大航海時代以後の銀つまり貨幣の大量流入による物価上昇は、その方向へ社会を動かすきっかけの1つになりました。ここに、社会のあり方すら変えるマネーの力の片鱗を感じ取れるでしょう。

5. 経済学で大航海時代をとらえ直すと何が得られるの？

　この章では、希少性という経済学的観点から大航海時代という中学・高校で習う知識の応用を試みました。経済問題は欲する量よりも入手できる量が少ないという希少性のもとで生じます。もしも食料やエネルギー資源が無限に得られるならば、需要量に供給量をいかに適合させるかという問題自体がなくなるでしょう。希少性あるところに経済問題あり、なのです。

　大航海時代は、それ以前のヨーロッパの香辛料と銀の希少性という経済問題に対処するプロセスだったとみることができます。その結果、新たな供給ルート（インド航路）と新たな供給組織（オランダ東インド会社）が出現し、貨幣量の増加にともなう交換の拡大は、資本主義化の方向へ社会を動かしました。

　希少で高価な香辛料をアジアから安く入手してお金儲けしたいという夢は、新たな供給ルートの開拓とともに、オランダで新たな供給組織を誕生させました。オランダ東インド会社は、出資者・船舶・船員を一航海ごとに募集・調達・雇用していた従来方式に比べて、これらの募集・調達・雇用にともなう労力や手間の節約を可能にしました。この取引費用の節約こそ、経済学における企業の存在理由です。大航海時代を促した香辛料の希少性が、現在の資本主義でも主役を演じている企業や会社を出現させたといえるでしょう。

　大航海時代はまた、貨幣の素材であった銀をヨーロッパに大量流入させました。他のすべての商品と交換できる貨幣の量の増加はそれらの価格を全般的に上昇させ、その影響は経済社会

118

全体におよびました。ただし、銀の流入以前から物価は上昇していましたし、すべての商品の価格が同時にかつ同程度に上昇したわけでもありません。そこで、人口の増加も物価上昇の一因と考えられています。

　しかもアメリカ大陸産の銀はスペインに運ばれた後、ヨーロッパの西から東へと流入していきました。その結果、価格が上昇していく時期に地域差が生じます。この価格上昇の時間差・地域差を利用して儲けを増やした者たちの間に蓄えられた資金は、多くの人々を雇うことを可能にしました。こうした動きの延長線上に資本主義が少しずつ形成されていったのです。その意味でヨーロッパの香辛料と銀の希少性は、大航海時代を介して現在まで続く資本主義の出現を促したといえるでしょう。

　以上のように、希少性という経済学的な考え方を知ると、それを知らない人とは違った物事のとらえ方ができるのです。

■ いまの問題とのつながり

　大航海時代の経済学的理解は、いまの問題にも応用できます。たとえば、インターネットの発達により、企業が人材を探索・選考する費用が劇的に低下しました。このとき、企業は正社員を継続的に雇うよりも、1つのプロジェクトごとに最適な人材と雇用契約を結ぶほうが有利ではないでしょうか。このようにネット社会における取引費用の低下は、今後の雇用社会をどう変えるのかといういまの問題と結びついています。

　また物価上昇は消費者からみると生活苦につながりますが、売上金額が増えれば、経営者にとって事業拡大のチャンスになります。食料やエネルギー資源の価格高騰が続くと、供給ルー

図3 ルン島とマンハッタン島の交換

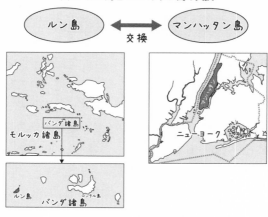

トや供給組織が変化するかもしれません。どの立場・どの時点から考えるかによって、物価上昇の異なる面がみえてきます。

　最後に、次のエピソードを紹介してこの章を終わりましょう。香辛料で有名なモルッカ諸島のなかにルン島という小さな島があります。この島をめぐって、オランダとイギリスが争ったことがありました。その後、ブレダ条約（1667年）によって、オランダはルン島を獲得する代わりにマンハッタン島をイギリスに引き渡しました。オランダは1621年に西インド会社を設立して北アメリカに進出し、先住民からマンハッタン島を買い取っていたのです。

　このマンハッタン島こそ、現在の資本主義の心臓ともいえるアメリカのニューヨークの中心部です。香辛料と資本主義はこんな意外なところでもつながっているのです。

（益永　淳・柴　泰登）

教科コラム⑨ ［芸術］モネの絵画『舟遊び』から

　　上野の国立西洋美術館に所蔵されているクロード・モネの 1887 年制作の絵画『舟遊び』。エプト川に小舟を浮かべて女性 2 人が遊んでいる情景です。絵画からは当時の状況を読み取ることができます。この作品の経済学的ポイントはざっくりと 3 つあります。1 つ目は、舟遊び。当時、湖や川にボートやヨットを浮かべて遊ぶことが大流行しました。流行のなか、モネも小さなボートを購入します。2 つ目は絵の具のチューブの発明。美術の授業でみなさんが当たり前に使っている絵の具のチューブは 1840 年代にイギリスで発明されました。以前は室内から絵の具を運び出すことができなかったのですが、チューブのおかげで戸外制作が可能になりました。柔らかな空気感と水面の光が生き生きとキラキラ輝いているのが伝わってくるのは実際に見ながら描いていたからなのですね。そしてその後、私もやってみたい！　と多くの画家が真似し、鉄道の発達なども重なって戸外制作がたくさんおこなわれた時代となります。この時代の「印象派」と呼ばれる作品群は、写実的な絵よりもずっとあいまいに描かれているモチーフが多く、私たちが個々に考える余地が広いため、魅力的に感じるのではないでしょうか。そして 3 つ目、日本の浮世絵の影響です。パリ万国博覧会で日本美術が伝来し、モネは浮世絵をとても気に入り、集めていました。右半分を大胆に断ち切った小舟の構図、これは日本の浮世絵を参考にしたといわれています。モネをはじめ日本の浮世絵の色彩や構図は西洋絵画に大きな影響を与えました。人は過去の記憶や、よいと思ったものから物事を選ぶ傾向があります。モネも記憶に残っていた浮世絵の構図を、自然と自分の油絵のなかに描いていたのかもしれません。当時の流行や経済発展も合わさり、モネの『舟遊び』は描かれました。絵画はいろいろな角度から鑑賞すると面白いです。国立西洋美術館をはじめ、高校生無料の美術館も多いので、ぜひ本物をみて欲しいです。

（大橋　里沙子）

リレーコラム ❺

　中央大学附属高校では、１年生が学ぶ歴史総合の教科書として帝国書院版を選びました。私ともう１人の授業担当者が各出版社の教科書を慎重に比べて選んだのですが、その最大の決め手は何だったでしょうか。

　歴史の授業に何らかの期待を抱いて入学する１年生が、詳細な歴史的事実を詰めこんだ本文にふれると、げんなりします。その点、上記の教科書は専門的すぎる知識や語句の量が抑えられ、世界と

帝国書院「明解 歴史総合」
（2022）

日本の近現代史を追う流れ（ストーリー）が大胆に提示されています。また、過去の出来事が現代の諸問題の背景にあるのだと強調してくれていることも特徴です。

　生徒が１人で読んでも理解しやすい高校歴史教科書に出逢えたな。上記の教科書を選ぶとき、そんな感動がありました。従来の高校の歴史教科書は、時代や分野ごとに詳細な事実が網羅された、分厚いカタログのようでした。「歴史は暗記」というイメージを支える立役者だったのです。

　本校の歴史総合では、生徒に基本的知識を習得してもらいつつ、教科書のストーリーに身をあずけ、過去と現代の結び目を把握してもらいます。歴史をふまえた〈私〉の立ち位置を探ってほしいと願いながら。

　大西洋三角貿易と黒人差別、フランス革命と女性の人権、産業革命と気候変動……。歴史は、現代を映す鏡なのです。

　どんな学問でも一定の暗記は大事ですが、知識はどんどん活用しないと宝の持ち腐れ。定期試験では、歴史的事実の説明をもとに、歴史に関する自分の解釈や考えも述べてもらいます。

　生徒と教師は歴史をめぐって斬り結び、定期試験の紙上で真剣勝負をくり広げる。そんな日常は教科書という土台の上にあります。教科書からはみ出た創造的な知性は、教科書の内容を消化して初めて生まれるものでしょう。　　　　　　　　　　　　　（林　晟一）

　中央大学高校では、1年次に地理総合で、私たちの社会の最大枠としての地球とその姿を学び、2年次に歴史総合で地球を舞台とした人類社会の活動を学ぶことを目的としたカリキュラムを編成しています。その歴史総合の教科書として、帝国書院の『明解歴史総合』を採用しています。教科書採用にあたっては、「自分で」と「横軸でみた世界」の2つをポイントとしました。

　まず、自分でというのは、自分で読み進められる・学ぶ・理解するという意味です。それは、読めることで、知れること・気づけることを増やし、自ら学ぼう・理解しようとすることへとつなげていけることへの期待でもあります。そのために、教科書が複雑・難解な書籍ではなく、これから学ぶことを俯瞰しながら大枠をとらえる読み物であり、歴史的事象を理解する助けとして、用語や地図、図版、データといったさまざまな情報を提示するものであることに留意しました。

　もう1つの横軸でみた世界とは、産業革命やナショナリズムといった言葉にもとづいて、地域や国の変化や違いを比較するのではなく、同時代に空間的に隣接する地域のなかで始まる変化とその伝播が時代の変遷とともに、どのように広がり、変化していったかを理解するという視点です。

　日ごろから「教科書を読んで、おぼえればいいんですね！」、「歴史＝暗記 !!」といわれてしまうのは残念でなりません。教科書を読むことを通して、世界と私とのつながりを探すことで、歴史を社会変化の一例としてとらえて考察の対象にしてみてください。もちろん、そのためには、言葉（用語）を知ること、あるいはおぼえることも必要になります。言葉を知り、その時代、その場所の社会に目を向け、そこで生きていた人たちの存在に気づき、その時代・場所の日常を感じてみてください。その上で、いま、地球規模での一体性を維持しようとしながら多様性をみせる世界を、わたしのいる今をどのように理解することができるかを考えてみてください。教科書をそんな理解や思考の助け手としてください。　（上井　恒毅）

　中央大学杉並高校の歴史総合では、山川出版社の『現代の歴史総合　みる・読みとく・考える』を採用しています。理由は、問い・資料などの探究要素が多いからです。本校の歴史総合ではペアワークやグループワークをメインに授業を進めており、問いや資料などが多く載っているこの教科書は「使いやすい！」一冊です。絵画資料の分析が、生徒のお気に入りです。

山川出版社「現代の歴史総合」
(2022)

　ここで、授業の１コマを紹介したいと思います。たとえば産業革命の授業では、ドイツの経済学者リストが著した『経済学の国民的体系』から「ドイツがとるべき工業化の道」と題された資料を生徒に分析・議論してもらいました。初見資料なので、生徒は「??」となっていました。ですが、教科書には「この時期に国をあげて工業化を進めたのは、どのような動機にもとづいていたのだろうか」、「リストは、どのような段階で経済体制を変化させるべきと述べているだろうか」と多くの問いが載っています。そのため、生徒は問いをもとに分析し、グループで真剣に議論していました。

　各グループの発表を通して、リストの考える工業化とは、第１段階：農業を発展させるために先進国との自由貿易、第２段階：保護貿易、第３段階：自由貿易であることを、多くの生徒が理解していました。そして、ドイツが産業革命に成功したイギリスを目標にして工業化を進めていることも読み取れていました。すべての生徒が、この授業の目的を達成できたと思います。

　そういえば、リストの著書に示された考え方は、第１次産業→第２次産業→第３次産業（産業構造の高度化）という流れと似ていますね。そのため、大学進学後の授業で「産業構造の高度化」・ロストウの「テイク・オフ（離陸）」という考え方を学ぶとき、「リストの考え方とどう異なるのだろう？」と考える際のヒントになれば嬉しいな。授業担当者はこのように感じました。　　（新嶋　聡）

中央大学附属横浜高校では 2022 年度から実教出版の『詳述歴史総合』を選び、授業で使用しています。

この教科書を選んだ理由は、高度だがわかりやすく、生徒にとって興味深い授業を展開することができる教科書であったからです。本校は大学の附属校ですので、生徒たちには大学進学時に困らない知識や能力を身に付けてもらうことが必要となります。その基準で考えた場合、多くの考えさせる問いやコラムが存在するこの教科書は、本校のニーズに合致するものでした。

実教出版「詳述歴史総合」
（2022）

具体的に経済に関するテーマで例を挙げた場合、第 2 章第 14 節では、19 世紀にイギリスを中心として形成されたパクス＝ブリタニカと呼ばれる経済秩序について、「なぜ 19 世紀のイギリスは『世界の工場』と呼ばれたのだろうか。」という問いから授業が始められる形になっています。

そしてコラムではアメリカの歴史学者ポメランツが提唱した大分岐論を紹介し、なぜヨーロッパで工業化が進む一方でインドや中国で経済成長が停滞し、立場が逆転していったかについて説明しています。このように、著名な歴史学者の学説にも触れるこの教科書は、大学での学びにもつながる非常に高度な内容をもっているといえます。

また、この教科書には豊富な資料が過不足なく取り揃えられています。先述したテーマにおいては、優れた研究書から引用され、高校教員が授業をおこなううえで役に立つ 18 世紀後半から 21 世紀はじめまでの各国・地域の工業生産比などの資料が多く載せられ、生徒たちの理解を助け、興味も引いています。

すなわち私たちがこの教科書を上手に活用すれば、大学に進学した際に必要となる「物事をいろいろな角度からみる力」など、さまざまな思考能力を生徒に身に付けてもらえるのです。（柴　泰登）

第 8 章

SDGs を通して多面的な
貧困について考えてみよう

1. SDGsはブームになってきた

　きっとこの本を手にとったみなさんは、**SDGs**（エス・ディー・ジーズ）という言葉を聞いたことがあると思います。SDGsとは**持続可能な開発目標**（Sustainable Development Goals）のことで、詳しいことはあとで説明することにします。持続可能な開発目標やその内容を知らなくても、SDGsという言葉は聞き覚えがあり、耳になじんでいるのではないでしょうか。

　電通が実施した「第5回SDGsに関する生活者調査」は、2022年に日本で86%の人がSDGsという言葉を知っているということを明らかにしています。この割合は2018年におこなった第1回調査の数字から約6倍に著しく上昇しています（図1参照）。

　また、同調査は、SDGsを知るようになったおもなきっかけの1つが学校の授業であったことを示しています。高校の地

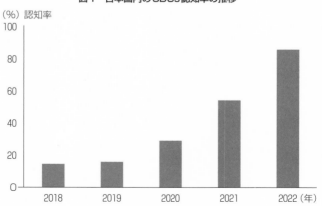

図1　日本国内のSDGs認知率の推移

理の授業にも SDGs が登場するようになりました。私たちの高校で使用している地理総合の教科書をみてみると、「地球的課題と国際協力」というセクションのなかで SDGs のことを説明しています。ほかの地理の教科書もほぼ同様です。高校生が学校の地理の授業でも SDGs とつながりのあることを学んでいるのですから、SDGs を知っている人が増えるはずです。

2. SDGs はなぜ ṠDGs なのか？

このように SDGs はブームになってきましたが、みなさんは SDGs がなぜ生まれ、どのようなものなのかを知っていますか。ここでは、SDGs がブームになるにつれて見えにくくなってきた、SDGs が ṠDGs として誕生しなくてはいけなかった背景をたどったうえで、その特徴について説明していきます。

第 2 次世界大戦が終わると、**開発途上国**に対して、国際連合（国連）や国際通貨基金（IMF）、世界銀行といった国際機関、先進国政府等から**援助**が供与され始めました。途上国が**経済成長**するようにと援助がおこなわれましたが、一部の国を除いてよい結果を得ることはできませんでした。

そこで、1990 年代に入る前後から、一連の国際会議で、途上国を豊かにするためには、経済成長だけを目指すのではなく、貧困、健康・保健・衛生、教育、ジェンダーなどの問題にももっと目を配る必要があると主張されるようになりました。それらの声を 1 つにまとめる形で、2000 年 9 月の国連総会においてミレニアム開発宣言が採択され、**ミレニアム開発目標**（**MDGs**：**M**illennium **D**evelopment **G**oals）が設定されました。

MDGs では、途上国を対象に、2015 年までに達成すべき 8
つのゴール（貧困、教育、ジェンダー、健康・保健・衛生、環境面の改
善など）が掲げられました。MDGs は、世界中の開発のステー
クホルダー（関係者）を巻き込み、援助関係者の関心を経済成長
と経済開発から貧困問題と人間開発へ向け、それらの問題・分
野への援助資源の効率的・集中的な投入を促したという点で途
上国開発に大きく貢献したといえます。

　他方、MDGs には、①地球環境問題への意識の不足、②格差
問題（地域間格差、所得階層間格差、世代間格差など）への意識の不
足、③途上国開発や援助の関係者以外、とくに先進国の一般市
民や企業に対するアピール力・浸透度の不足、④開発戦略や実
施手段の不明示、といった課題がありました。

　そのような流れのなかで誕生したのが「持続可能な開発目標
（**SDGs**：**S**ustainable **D**evelopment **G**oals）」です。2015 年 9 月の国連総
会（持続可能な開発サミット）において持続可能な開発のための
2030 アジェンダが採択され、SDGs が設定されました。SDGs
には、**2030 年までに達成すべき 17 のゴール**（図 2（国連広報セン
ターから取得）参照）がセットされています。具体的には、貧困
（ゴール 1）、飢餓（ゴール 2）、健康と福祉（ゴール 3）、教育（ゴー
ル 4）、ジェンダー（ゴール 5）、水とトイレ（ゴール 6）、エネル
ギー（ゴール 7）、働きがいと経済成長（ゴール 8）、産業と技術革
新（ゴール 9）、格差（ゴール 10）、まちづくり（ゴール 11）、生産
と消費（ゴール 12）、気候変動（ゴール 13）、海の環境（ゴール
14）、陸の環境（ゴール 15）、平和と公正（ゴール 16）、パート
ナーシップ（ゴール 17）という幅広い分野を対象にしています。

　SDGs は、前述の MDGs の 4 つの課題を克服しようとして

図2　SDGsの17のゴール

いることを含め以下の特徴をもっています。まず、**貧困の解消**
（MDGs の発展・深化）の流れと 2012 年にリオで開催された「国
連持続可能な開発会議（リオ + 20）」（1992 年のリオ地球サミットの
フォローアップ会議）で議論された**地球環境問題**を重視する流れ
を統合している点です。MDGs の最重要テーマであった貧困問
題と MDGs の 1 つ目の課題、環境への意識不足を克服できな
ければ持続可能な開発はありえません。SDGs は貧困問題と環
境問題の解決を目標にしているので持続可能（sustainable）とい
う名前を冠しているわけです。

　次は、MDGs の 2 つ目の課題、意識不足であった格差を重視
しているという特徴です。格差重視の姿勢は、No one will be left
behind（誰 1 人取り残さない）という SDGs のキャッチコピーによ
く表わされています。格差問題を解決して、持続可能な社会の
実現を目指しています。

　第 3 に、途上国だけではなく、先進国も対象にしていると
いう特徴があります。MDGs の 3 つ目の課題に対応して、SDGs

は先進国の私たち一般市民をもすでに巻き込んでいます。先進国は、これまで、途上国の開発を阻害したり、自分たちの経済成長のために地球の環境に対して大きな負荷をかけたりしてきました。そのようにして引き起こされている貧困問題や格差問題、環境問題には、先進国がみずからの責任として積極的に関与し、取り組む必要があるのです。そうでなければ、持続可能な地球にはなりません。

　第4の特徴として、貧困の削減ではなく根絶であったり、初等教育だけではなく就学前教育から中等教育までの完全普及・修了であったりと、MDGsに比べても非常に野心的な目標を掲げていることがあげられます。第5の特徴は、そのような野心的目標を達成するために、たとえば、開発資金を確保する目的で、途上国の課税・徴税能力の強化や先進国の政府開発援助（ODA）の規模拡大を提案していたり、完全な就学・修了を達成する目的で、教育インフラの整備や教員の養成・質向上を盛り込んでいたりと具体的な実施手段を明記していることです。これはMDGsの4つ目の課題に対応し、開発を持続可能な形で進めていくことを狙ったものです。

　以上のようなSDGsの特徴のいずれからもMDGsに共通する課題であった持続可能というキーワードが浮かびあがってきました。持続可能とは、「将来世代の暮らしの基盤を損なうことがない形で、現在世代が公正な社会のなかで、尊厳のある、人間的な生活を送ることが可能」であることを意味しています。SDGsは、そのような世界を目指しているので、ṠDGsなのです。

3. 貧困は多面的

　このセクションでは SDGs の最重要な柱の 1 つである貧困について説明します。みなさんは、貧困と聞いてどのような状態を思い浮かべるでしょうか。所得、収入、消費、資産といった金銭的に貧しい状態をイメージする人が多いと思います。このような経済的、金銭的観点からみた貧困はもちろん貧困の重要な側面を表わしていますが、それだけではなく、もっと多面的にとらえる考え方もあります。

　前のセクションでも説明したように 1990 年代に入る前後から、貧困、健康・保健・衛生、教育、環境などの問題が大きく注目されるようになりました。その流れのなかで、「**貧困は多面的である**」と主張したのが、1998 年にノーベル経済学賞を受賞した**アマルティア・セン**（現在、米国ハーバード大学教授）です。センは、医療や教育等を受けられず、本来人間がもっている機能（仕事に就く、健康に暮らす、政治に参加する、自尊心をもつなど、みずからの幸せにつながる機会）の自由な組合せを選択できないことを潜在能力（capability）の欠如と呼び、それを貧困と考えました。この**潜在能力アプローチ**が貧困を多面的にとらえる基礎になっています。

　センの「潜在能力アプローチ」の概念にもとづけば、貧困は、所得、収入、消費といった経済的、金銭的側面だけではなく、健康や教育といった私たちを取り巻くさまざまな側面を考慮に入れる必要があります。貧困が多面的であることを具体的にイメージしてもらうために図 3 を準備しました。他にもさまざまな側面はありえますが、SDGs に掲げられたゴールを意

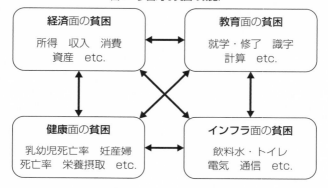

図3 多面的な貧困の概念

経済面の貧困
所得　収入　消費
資産　etc.

教育面の貧困
就学・修了　識字
計算　etc.

健康面の貧困
乳幼児死亡率　妊産婦
死亡率　栄養摂取　etc.

インフラ面の貧困
飲料水・トイレ
電気　通信　etc.

識して、経済、健康、教育、インフラの4つの側面から貧困を表現してみました。

　所得が極端に低ければ、人間が生きていくために最低限必要なモノやサービスを購入することができず、豊かで幸せな生活を送ることは難しいはずです。健康を害してしまえば、また、教育を受けることができなければ、本来の能力を発揮できず、収入面でも精神面でも豊かな暮らしにはならず、幸せを感じることは難しいでしょう。飲料水、トイレ、電気、通信手段など生活に必要なインフラにアクセスできなければ、不便な暮らしになり、幸せに暮らす選択肢は狭められてしまうはずです。これら貧困の4つの側面は独立したものではなく、相互に関連しあっていて、関連する側面が多いほど貧困は複雑であったり、深刻であったりするはずです。

4. 多面的な貧困を SDGs からみてみよう

　SDGs のなかから 4 つのゴールをピックアップし、それらの達成程度を世界地図の上で確認しながら、経済、健康、教育、インフラの各側面からの貧困について考えてみたいと思います。ここで使用するデータは、MDGs および SDGs の設計に中心メンバーとして参画したジェフリー・サックス（米コロンビア大学教授）のグループが刊行する報告書（*Sustainable Development Report 2022*）とそのホームページから取得しています。

　図 4.1 は、SDGs のゴール 1（貧困をなくそう）を 1 人 1 日 1.90 ドル未満の所得あるいは消費で暮らしている人々の割合、すなわち貧困者比率を用いて評価したものです。これは経済的側面からとらえた貧困を表現しています。図 4.2 は、世界保健機関（WHO）が定めた基準で発育不良とされる乳幼児（5 歳未満）の割合を基準にして、SDGs のゴール 2（飢餓をゼロに）の達成程度を評価しています。これは健康面からみた貧困に関係しています。図 4.3 は、前期中等教育（中学校）修了率を使って、SDGs のゴール 4（質の高い教育をみんなに）の達成状況を確認しています。これは教育面の貧困と関連しています。図 4.4 は、SDGs のゴール 6（安全な水とトイレをみんなに）の進捗程度を飲料水へのアクセスで評価したものです。これは保健・衛生分野におけるインフラ面の貧困に関連しています。

　サブサハラ・アフリカ地域（サハラ砂漠より南側に位置する 49 カ国からなるアフリカ地域）のほとんどの国では、SDGs の 4 つのゴールのほぼすべてにおいて未達成で、非常に大きな課題を抱えていることがわかります。この地域の国々は、経済、健康、

図4　世界地図でみるSDGsの達成状況（2021年）と多面的な貧困

4.1　SDGsゴール1の達成状況と経済面の貧困：貧困者比率（1人1日1.90ドル未満）

□ 達成
□ 課題あり
■ 大きな課題あり
■ 非常に大きな課題あり
▨ 情報なし

4.2　SDGsゴール2の達成状況と健康面の貧困：乳幼児の発育不良比率（5歳未満、WHO基準）

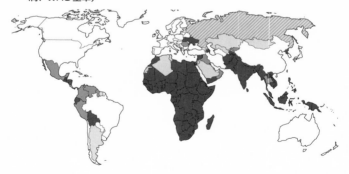

4.3　SDGsゴール4の達成状況と教育面の貧困：前期中等教育修了率

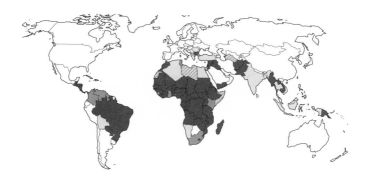

4.4　SDGsゴール6の達成状況とインフラ面の貧困：飲料水へのアクセス比率

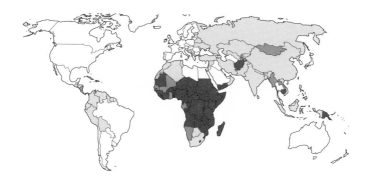

教育、インフラ、どの側面からみても、極度の貧困状態に陥っていることになります。異なった側面の貧困が相互に作用しあって、それぞれの貧困の解決を困難にしているようにみえます。

　インドをはじめとする南アジアの途上国の多くでも、ゴールによって、国によって、課題の大きさは異なるものの、SDGsの4つのゴールを達成していません。同地域のすべての国において、他の側面に比べて健康面（子どもの栄養）の貧困は厳しい状況にあるといえます。これは、貧困は多面的で、1つの側面からだけでは判断できないことを示唆しています。

　東南アジア地域のミャンマー、カンボジア、ラオス、フィリピン、インドネシアでは、SDGsのゴール1（貧困者比率）をほぼ達成していますが、他のゴールは未達成のものが多く、ゴール2（子どもの栄養）は大きな課題を抱えています。経済的側面というよりも、他の側面、とくに健康面の貧困が東南アジア諸国でも問題になっているといえます。

　中南米地域では、SDGsのゴール6（水へのアクセス）を除き、ゴール1（貧困者比率）、ゴール2（子どもの栄養）、ゴール4（前期中等教育修了率）を達成できず大きな課題を抱えている国が存在しています。それらの国は、経済面、健康面、教育面の貧困に直面しているといえます。

　北米、欧州、オセアニア、日本といった先進国は、地図の上では、SDGsの4つのゴールを達成していて、経済面、健康面、教育面、インフラ面の貧困は観察されないということになります。

　このようにSDGsの達成程度を世界地図に描くことで、多面

的な貧困の状況を観察することができました。サブサハラ・アフリカ地域の結果は、図3に示したように、経済、健康、教育、インフラといった異なった側面の貧困が互いにマイナスの影響を与え合い、それが悪循環している状況を示しています。

　一方、東南アジア地域の結果は、経済面の貧困をほぼ克服できたけれど健康面の貧困を解決するにはいたっていない、すなわち貧困の1つの側面の解決が貧困の他の側面の同時解決にかならずしもつながっているわけではない、ということを示しています。これらは、貧困問題を考えるときに、貧困の多面性を意識する必要があるということを意味しています。

5. 私たちにできること

　SDGs には、ブームに沸く前から、貧困問題の解決という重要なミッションがあったことについて述べてきました。その貧困は、多面的で、異なった側面の貧困が連鎖している一方、1つの側面の貧困の解決がかならずしも他の側面の貧困の解決につながるわけではないため、非常に複雑で難しい問題です。

　日本は、地図の上で、SDGs の4つのゴールを達成していたので貧困と無縁なのでしょうか。1人1日1.90ドル（世界銀行では 2022 年9月から 2.15 ドルに変更）という絶対的な基準を使えば、貧困ではないことになります。しかし、相対的基準を使えば、貧困者比率は 15.4% で先進国が集まった経済協力開発機構（OECD）加盟の 37 カ国のなかで日本はワースト7位です（2018-21 年の各国の最新数値で比較）。そのような点から判断すれば、日本は問題なし、とはいえないのです。非正規雇用で所得

は低く、継続して働くことのできない人たちや食事を十分にとれない子どもたちのニュースをみれば明らかです。

　みなさんは、世界の、そして日本のこのような社会的課題にどう向き合うべきなのでしょうか。SDGs は、私たちを含む地球上にいるすべての人々が、現在、そして将来も幸せに暮らしていくために解決しなくてはいけないことを示している指針です。遠い国の知らない人たちのために策定されたものではないのです。遠い国の知らない人たちに私たちが消費するものを生産してもらったり、私たちの生産したものの市場になってもらったりしています。彼らに何かが起これば日本の私たちにも影響するグローバルな時代です。自分ごととしてとらえてください。世の中で何が問題になっているのかについて知ろうとしてください。次に、発見した社会的課題を私たちのレベルでどのように解決できるのかについて考えてみてください。そこから実際のアクションにつながっていくことだってあるはずです。

　本章のコラムでも紹介しているように、「SDGs 放課後プロジェクト」では参加した高校生たちがチームを作り、メンターの大学生の知識や経験を借りながら、自分たちで社会的課題をみつけ、その課題を解決するための具体的なプロジェクトを提案しています。「C. S. Journey プログラム」では、高校生が、SDGs に寄与する既存の事業に参加したり、自分でプロジェクトを作って実行したり、フィールド調査を実施したりして、それらを卒業論文・卒業研究などにまとめています。「中央大学フェアトレード委員会（FACT）」は、フェアトレードを普及、啓発・啓蒙する目的で大学生が自主的に組織した団体です。途上国でカカオ、コーヒー、手工芸品などを生産している所得の

低い人たちの生計向上を意識しながら、勉強会の実施、フェアトレード団体・企業を招いての講演会の開催、大学生協とコラボしてのフェアトレード・フェアの開催、学園祭でフェアトレード商品の販売などをおこなっています。

　SDGsを意識して周囲を見渡してみるといろいろな社会的課題がみえてくるはずです。それらの課題を私たちのレベルでどう解決できるのか是非考えてみてください。やれることはきっとあるはずです。

（林　光洋・北島　咲江・大塚　圭）

教科コラム⑩［地理］高校生が SDGs を実践するには？

　「SDGs」と聞いてみなさんは何を考えますか。「環境保護に興味はない」「自分の生活には直接関係ない」と思う人もいるでしょう。しかし、いま地球環境は、各国が一丸となって SDGs の達成を目指さねばならないほど悪化しています。熱帯雨林の伐採や急激な農地開発、その他さまざまな原因で温暖化が進み、毎年のように巨大台風や記録的熱波といった異常気象に私たちの生活は脅かされています。異常気象により家や家族を失って貧困に陥る子どもたちも多くいます。温暖化の問題は、私たちの日々の生活と密接につながっているのです。こうした問題を解決するためには、若いみなさんの力が必要です。「でも、何をすればいいの？」と思ったあなたに、「普通」の高校生が参加した SDGs 活動を紹介します。

　2021 年 9 月〜 2022 年 3 月に、全国 7 都県 9 高校から 97 名の高校生と 40 名の大学生が参加した「SDGs 放課後プロジェクト」がオンラインで開催されました。参加者は、全 10 回にわたり 12 名の SDGs 研究者や実践家の講義を受講するとともに、メンターの大学生の力を借りながら、それぞれ興味のある社会的課題の解決方法を半年間かけて考え、最終回にそれらを SDGs 研究者や実践家の前で発表しました。発表会では高校生ならではのユニークな解決方法がたくさん提案されましたが、これこそが SDGs の達成には不可欠です。というのも、SDGs は既存の考え方では解決できなかった問題群を扱いますから斬新なアイデアが必要なのです。

　このプロジェクトに参加した高校生の 1 人は、「教室で SDGs について話すと意識高い系と思われるけれど、プロジェクトを始めたら仲間がたくさんできた！」といっていました。いま、あなたの周りに SDGs の話をできる人がいなければ、さまざまな地域やオンラインで実施されている SDGs 活動に参加してみてはどうでしょうか。SDGs を通して学年も地域も所属も越えた「つながり」が生まれ、その「つながり」が、地球規模の問題を解決に導く一歩となるはずです。

（北島　咲江）

教科コラム ⑪ ［地理］ SDGs の本当の役割とは？

　ある授業で「幸せな世界とは？」という質問をしました。高校生の返答は、「美味しいご飯が食べられる世界」「個性を認め合える世界」などでした。これらの返答は、SDGs のゴール 2 （飢餓をゼロに）、10 （人や国の不平等をなくそう）に一致しているように思われます。しかし、高校生が特別に SDGs を意識していたわけではありません。おそらく高校生が考える幸せな世界と SDGs の目標にあまり違いがないのでしょう。個人的な見解ですが、SDGs は、個々の目標が重要なのではなく、それぞれの目標のつながりを意識し、コミュニケーションの道具として使用するものであると感じています。

　中央大学杉並高校では、2022 年から総合的な探究の時間に C. S. Journey （C.S. は本校の愛称だけでなく、創造力のある (Creative)、自発的な (Self-motivated) の意味） プログラムを実施しています。この C. S. Journey の目標は、SDGs をコミュニケーションの道具として活用することです。2022 年度に入学した 1 年生は、SDGs や探究のプロセスを学び、フィールドワークを実施しました。たとえば、「SDGs カフェ巡り」と称してコーヒー豆を生産する労働者の貧困問題やカフェで提供されるハンバーガー・パンケーキなどのフードロス削減について調査をしました。2 年次には、研修旅行（沖縄・奄美大島・東北・マレーシア・韓国から 1 つ選択）による地域的視点や中央大学の学部に関連する学問的視点をテーマにプロジェクト学習をおこない、3 年次には、集大成として卒業論文・卒業研究に取り組む予定です。

　これらの活動は、SDGs を学ぶわけではありません。高校生は、SDGs をコミュニケーションツールとして活用しながら、社会的課題の解決を目指します。そして、そのツールは世界共通の目標であるため、英語のように外国の人々の間でも使用できるでしょう。これこそが SDGs の本当の役割であり、SDGs を使って「話すこと」は、身近にできる取り組みではないでしょうか。

（大塚　圭）

教科コラム⑫ [地理] 学生たちのフェアトレード普及活動と SDGs

　途上国開発や国際協力を学部横断型プログラムの私のゼミで学ぶ学生たちが、2007 年度、授業とはまったく関係なく自主的にフェアトレードの勉強会を始めました。メンバーの学生たちは、秋の学園祭でフェアトレード・カフェおよび雑貨店を出店し、さらにフェアトレードを扱う NGO 団体を招いて講演会とパネルディスカッションも開催しました。それをきっかけにして、翌 2008 年度、学内外にフェアトレードを普及、啓発・啓蒙することを目的にした「中央大学フェアトレード委員会（Fair Trade Chuo University Team、以下 FACT）」という学生団体を設立し、現在まで活動を続けています。

　FACT は、勉強会の開催、学園祭での出店、中央大学生協とコラボした年 2 回のフェアトレード・フェアの開催、フェアトレード関連団体・企業を招いての講演会の開催といった活動をおこなっています。また、世界フェアトレード・デーの特別イベントで参加者を巻き込んだロール・プレイング・ゲーム式の貿易ゲームをおこなったり、中学校・高校への出前授業をおこなったりすることもあります。

　農産物・食品、衣類、手工芸品、雑貨等を適正な価格で、継続的に購入することをつうじて、途上国の生産者の経済的自立を促し、貧困、ジェンダー、環境などの問題解決に寄与することが可能なフェアトレードは SDGs の多くの目標達成に貢献できるものです。国際協力の 1 つのアプローチであり、学生にも可能であり、かつ自分たちも楽しめるという理由で、フェアトレードを周囲に普及していく取り組みを始めました。FACT をスタートさせた当時、SDGs の前身である MDGs を意識していたわけではありませんが、現在のメンバーは、SDGs の目標達成につなげていこうという気持ちをもって、上記のような普及、啓発・啓蒙活動を楽しんでいます。みなさんの周囲にも SDGs に楽しみながらかかわっていくことのできる取り組みがあるはずです。探してみてはいかがでしょうか。

（林　光洋）

第 9 章

経済学で微分は
どう役立つのか?

1. 経済学を学ぶのになぜ微分を使うの？

　微分とは、その言葉からもうかがえるように、ある事柄を非常に小さい部分に分けて考えることですが、なぜそのようなことをしないといけないのでしょうか。また、学校の授業で、微分は接線の傾きのことを表すと習ったことがあるかと思いますが、それは現実社会でどのようなことに役立つのでしょうか。ここでは、経済学と微分の関係を考えるなかで、これらの問いに対する答えを考えていきます。

　ところで、微分と聞くと、数学を苦手とする人からすると、それだけで一歩ひいてしまうかもしれません。なぜ経済学の分析に微分が使用されるのでしょうか。たとえば、経済学では、消費者がある商品を消費したときに得られる満足度を**効用**と呼び、労働者を雇う企業が生産活動を通じて獲得する所得を**利潤**と呼びますが、一般に、効用や利潤ができるだけ大きくなる、いい換えれば最大化されるのが、社会にとって望ましい状態だとされます。これに対して、後ほど詳しく説明しますが、微分はある事柄の変化をとらえることができ、微分という計算の結果次第で、その分析の対象となる事柄が最大化される状態を示すことができます。そのため、微分は経済学で何かを最大化したいときにしばしば使用されます。

　それでは、まずその微分の考え方から、一緒にみてみましょう。

2. 微分とはどんな考え方なの？

　微分の具体的な計算を理解する前に、微分とはどのような考え方で、どのような問題に役立つのかを理解しておくのが重要です。なぜなら、それらを知らなければ、そもそも、なぜ微分を学ぶのかがわからないからです。極端な言い方をすれば、微分を学ぶ動機がわからなければ、その計算方法を理解しようという気持ちが起きない人もいるかもしれません。そのため、ここでは、微分の具体的な計算方法の学習に先立ち、微分の性質を理解することに努めます。

　それでは、読者のみなさんが比較的想像しやすい問題、たとえば、中学や高校の体力測定などでおこなわれる100m走とハンドボール投げから、微分について考えてみましょう。

　まず、100m走についてみてみましょう。たとえば、短距離走の選手が100mを10秒で走るとしましょう。このとき、100mを走る選手の平均の速さ（1秒間の平均の移動距離）は100m÷10秒から1秒あたり10mとなります。この場合、短距離選手の移動時間と距離の関係は、図1のように、右上がりの直線として描くことができます。

　しかしながら、この図1のような考え方では、100m走の選手の実際の速さの変化をとらえることはできません。なぜなら、100m走の選手は現実には100mをずっと同じ速さで走るのではなく、その速さ（1秒間の移動距離）は、スタートから時間が経つにつれて加速するからです。

　仮に、スタートから4秒後に33m地点、5秒後に44m地点、6秒後に57m地点にいるとすれば、1秒間の移動距離は、4〜

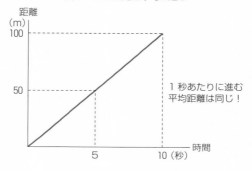

図1　100m走と平均の速さ

距離
(m)
100

50

5　　10 (秒)
時間

1秒あたりに進む
平均距離は同じ！

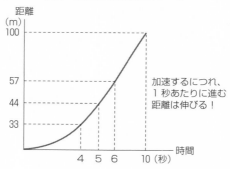

図2　100m走の実際のイメージ

距離
(m)
100

57
44
33

4 5 6　　10 (秒)
時間

加速するにつれ、
1秒あたりに進む
距離は伸びる！

5秒区間で11m、5～6秒区間で13mに伸びるという具合です。これを図で考えると、図1のような右上がりの直線ではなく、図2のような右上がりの曲線になるイメージです。この例では、スタートから時間が経つにつれて選手の合計の移動距離が増えている、すなわち、選手の移動時間に応じた選手の移動距離の変化がわかるというのがポイントです。

■ 微分で考えると？

　それでは、これに微分の考え方を当てはめてみましょう。教科書などの微分の説明に沿って、y（選手の移動距離）を x（選手の移動時間）で微分すると考えると、それは「選手の移動時間のわずかな変化に対応する選手の移動距離の変化の大きさを求めること」を指します。ここで、「選手の移動時間のわずかな変化」を1秒とすると、先ほどの数値例における、4〜5秒区間で 11m、5〜6秒区間で 13m という1秒間の各移動距離が微分の値となります。重要なのは、どちらの区間でも、微分の値はプラスであり、選手の合計の移動距離は増えていることです。いい換えると、微分の値がプラスの場合、「選手の移動距離」のような微分の対象となる数値は増加します。このように、微分を使うと、ある対象の平均の変化ではなく、あるわずかな単位ごとの具体的な変化を調べることができ、その結果、全体としての大きさがどう変わっているのかを知ることができます。

　100m 走の例では、微分を使ってある対象が増加する場合についてみましたが、微分は、ある対象の増加だけでなく、それが減少したり、最大化される状態も知ることができます。このことを理解するために、ハンドボール投げで、山なりにボールを投げ上げる状況を思い浮かべてください。注意深く観察すると、ボールは名前のとおり放物線を描くことがわかります。ボールの高さは、初め、勢いよく上昇しますが、重力の影響により段々と上昇が緩やかになり、やがて頂点（放物線を山の形とみたときの頂上）を最高点として落下し始め、以降、段々と下降していきます。

　このことは、図3のように表すことができます。図3は、

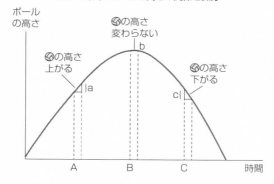

図3　時間・ボールの高さの関係と微分

ボールが手を離れてから時間が経つにつれて、ボールの高さは初め上昇し、頂点を境にして、下降することを示しています。このような、時間の経過とボールの高さに関する3つの局面は、それぞれA点、B点、C点のように表すことができます。

■ 微分で考えると？

それでは、これに微分の考え方を当てはめてみましょう。ここで、y（ボールの高さ）を x（時間）で微分した値とは、「時間のわずかな変化に対応するボールの高さの変化の大きさ」を意味し、それは、図3でいうと a、b、c の大きさのことを指します。たとえば、A点では、時間がわずかに経つとボールの高さは a だけ上昇するので、時間のわずかな経過に対応するボールの高さの変化の大きさ、すなわちボールの高さを時間で微分した値はプラスになります。他方で、B点では、b の大きさからわかるように、時間がわずかに経過しても、ボールの高さはほぼ変わりません。いい換えれば、B点のようなボールの高さが最大

化されるところでは、ボールの高さを時間で微分した値はほぼ
ゼロになります。そして、C点では、時間がわずかに経つと
ボールの高さはcだけ下降するので、ボールの高さを時間で微
分した値はマイナスになります。

　これより、ボールの高さを時間で微分した値がプラス、ゼ
ロ、マイナスとなるのに応じて、時間の経過につれて、ボール
の高さは上昇、不変、下降と変化することがわかります。いい
換えると、微分とは、私たちの身近な問題も含めて、ある対象
のさまざまな変化（増加・不変・減少）をとらえるのに役立つと
いえます。このうち、経済学では、しばしば微分における最大
化の概念が使用されます。そこで、次節では、経済学と微分の
関係について考えてみましょう。

3. 経済学へ微分を応用すると？

　経済学を使って世の中の問題を考える場合には、しばしば、
家計・企業・政府と呼ばれる経済主体、いい換えれば、物語の
登場人物が存在します。このうち、モノづくりの視点からする
と、家計という登場人物は、労働者とみなすことができます。
そして、「家計」は、みずからが所有する労働力を使って実際
に商品を生産します。「企業」は賃金（お給料）を支払って労働
者たちを雇い、彼らの労働を監督・指揮する立場にある人のこ
とをいいます。「政府」は、一国を管理・運営する存在で、企
業や家計だけで経済活動がうまくいかない場合、必要に応じて
彼らの取り組みに口を出します。

■ 利潤最大化＝たくさん儲けたい

　すでに述べたように、家計を雇用する企業が生産活動の結果
獲得する所得を利潤と呼びますが、経済学ではしばしば、企業
は利潤所得をできるだけ多く得たいと考える人たちだと仮定さ
れます。それは、大体の人は所得が多ければ多いほど嬉しいと
いう考え方にもとづいているといってもよいかもしれません。
経済学では、こうした考え方にもとづく企業の行動を**利潤最大
化**と呼びます。そこで、まず経済学で利潤をどのように表すの
か言葉や図を用いて説明し、続いて、それに微分の考え方を当
てはめてみましょう。

　経済学では、企業が商品の販売によって得た**収入**から、その
販売した商品を生産するのにかかった**費用**を引いた残りが利潤
と考えられます。したがって、

利潤＝収入－費用

と表すことができます。

　ここで、収入と費用について、もう少し詳しくみてみましょ
う。たとえば、収入は、企業による商品の販売総額を意味する
ので、商品1個あたりの価格とその販売量の掛け算で表すこ
とができます。たとえば、仮に商品1個あたりの価格を100
円とすると、商品の販売量が1個、2個、3個…と増えていく
と、企業の収入は100円、200円、300円…と増えることにな
ります。

　（収入のイメージ）

=100円 ➡ =200円 ➡ =300円・・・

（費用のイメージ）

のびのび活動できる
低コスト

やや活動しにくい
中コスト

窮屈に感じる…
高コスト

　次に、生産にかかる費用ですが、経済学では、一般に、商品の生産量が増えるにつれて、追加的な商品の生産にかかる費用は徐々に増加すると考えられます。たとえば、商品の生産量が増えるにつれて労働者の数が増えるとすれば、企業が所有する工場では、次第に労働者が作業するためのスペースが十分に確保できなくなり、労働者の作業効率が低下します。その結果、労働者が商品1個を生産するのにかかる手間が増え、追加的な商品の生産にはより大きな費用がかかるようになります。たとえば、商品の生産量が1個、2個、3個…と増えていくにつれ、その生産にかかる費用は1円、4円、9円…と増えていくイメージです。

　この数値例を使って、利潤を表すこともできます。先ほど述べたように、「利潤＝収入－費用」となるので、商品の生産（販売）量が1個、2個、3個…と増えていくにつれ、企業の利潤は99円（＝100円－1円）、196円（＝200円－4円）、291円（＝300円－9円）…と増えることになります。

■ 利潤を図で表してみると？

　それでは、以上に示した収入、費用、利潤の関係について、図でみてみましょう。図4において、右上がりの直線は生産

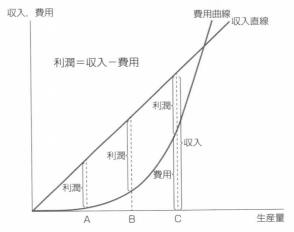

図4　収入・費用の関係と利潤最大化

収入，費用

費用曲線　収入直線

利潤＝収入－費用

利潤

利潤

収入

費用

利潤

A　　B　　C　　　　生産量

量と収入の関係を示しています（**収入直線**）。数値例で確認した
ように、生産量が1個増えると収入は100円ずつ等間隔で増
えるので、収入は右上がりの直線で表されます。他方で、図4
において、右上がりの曲線は生産量と費用の関係を示していま
す（**費用曲線**）。数値例からわかるように、生産量が増えるにつ
れて、費用は等間隔で増えるのではなく、増え方が徐々に大き
くなります。したがって、それを図で表すと、右上がりの曲線
のようになるわけです。このような収入直線と費用曲線を用い
て、利潤の大きさも図で表すことができます。「利潤＝収入－
費用」ですので、C点に示されるように、商品のある生産量に
おける収入と費用の大きさの差が利潤になります。

　これより、図4のA点、B点、C点における利潤の変化を理
解することができます。図4から、生産量が増えるにつれ
て、利潤は初め増加しますが、ある点を境にして、減少するこ

とがわかります。それは、収入が一定の大きさで増えるのに対して、費用の増え方が徐々に大きくなるためです。たとえば、A点は、商品を1個多く販売して得られる追加収入（100円）より商品を1個増やす際の追加費用が小さい（100円より小さい）場合を表しています。この場合、生産量の増加につれて利潤は増えます。反対に、C点は、商品の追加収入（100円）より商品の追加費用が大きい（100円より大きい）場合を表しており、このような場合には、生産量の増加につれて利潤は減少します。それゆえに、もしB点において商品の追加収入と追加費用が等しくなる（どちらも100円）とすると、そこで利潤は最大化されます。このような生産量と利潤の関係は図5のように描き直すことができます（図5のA点、B点、C点は、図4のそれぞれの点に対応しています）。

■ 微分で考えると？

それでは、図5に微分の考え方を当てはめてみましょう。

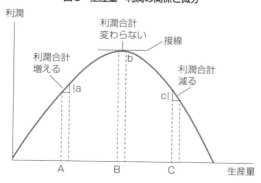

図5　生産量・利潤の関係と微分

第2節で学んだように、微分とは、「ある関連する2つの事柄 x と y について、x がわずかに変化する場合に、それに対応する y の変化の大きさを求めること」を指します。したがって、ここで、y（利潤）を x（商品の生産量）で微分した値とは、「商品の生産量のわずかな変化に対応する利潤の変化の大きさ」を意味し、それは、図5でいうと a、b、c の大きさのことを指します。たとえば、図5のA点では、生産量がわずかに増えると利潤は a だけ増えるので、生産量のわずかな変化に対応する利潤の変化の大きさ、すなわち利潤を生産量で微分した値はプ・ラ・ス・になります。反対に、図5のC点では、生産量がわずかに増えると利潤は c だけ減るので、利潤を生産量で微分した値はマ・イ・ナ・ス・になります。他方で、図5のB点では、b の大きさからわかるように、生産量がわずかに増えても、利潤はほぼ変わりません。いい換えれば、B点のような利潤最大化が達成されるところでは、利潤を生産量で微分した値はほぼゼ・ロ・になります。

　また、図5のbのところで示されるように、じつは、微分の大きさは、微分がおこなわれる1点における接線の傾きとして表すことができます。この場合、それは、生産量がわずかに変化する前と、生産量がわずかに変化した後の合計利潤の2地点を直線で結んだものとして表されます。同様にして、たとえば、a では右上がりの接線が、c では右下がりの接線が描けることになります。微分は接線の傾きのことを表すとしばしばいわれるのは、このような理由によるわけです。

　以上より、利潤を生産量で微分した値がプラス、マイナス、ゼロとなるのに応じて（同様に、各点の接線が右上がり、右下がり、水平になるのに応じて）、生産量が増えるときに、利潤は増加、減

少、不変と変化することがわかります。このうち、利潤を生産量で微分した値がゼロ（接線が水平）になるとき、企業は、それ以上利潤の大きさが増減しない利潤最大化の状態にあることになります。微分の考え方を応用することで、利潤のように、経済学と関係する事柄の変化を調べることができるのです。

4. 経済学の基礎と応用

　ここまでで、数学を苦手とする人たちからすれば、ひょっとしたら、もうお腹いっぱいという人もいるかもしれません。ですが、経済学の学習が本当に面白くなるのは、じつは利潤最大化について学んだ後からだといっても過言ではありません。ここでは、最後に、利潤最大化と現実の経済社会との関係から、経済学を学ぶ姿勢について考えてみましょう。

　そこで、利潤最大化について考える場合の企業の行動に注目してみましょう。第3節でも述べたように、経済学では、一般に、企業は利潤所得をできるだけ多く得たいと考える人たちだと仮定したうえで議論がおこなわれます。ここで重要なのは、これはあくまで1つの仮定にすぎないということです。すなわち、世の中には、かならずしも利潤最大化をその生産活動の目的としない企業も存在するということです。たとえば、現実には、利潤ではなく、第3節でいうところの収入の最大化を生産活動の目的とする企業も存在します。そして、興味深いことに、理論的には、利潤最大化を目的として行動する企業より、収入の最大化を目的として行動する企業のほうがより大きな利潤を獲得できるといった場合さえ存在します。ここか

ら、現実の議論を理解するには、利潤最大化を理解するだけでは不十分であることがわかります。

　このように、利潤最大化とは、あくまで経済学の基礎であり、重要なのは、そうした基礎知識を応用して、現実世界のさまざまな問題を理解・解決することにあるといえます。同様のことは、企業の利潤以外の経済学の問題にもあてはまります。たとえば、微分を使った経済分析としては、消費者の**効用最大化**の問題も挙げることができます。ここで、効用とは、消費者がモノやサービスを消費したときに得られる満足度の大きさのことを指します。たとえば、ケーキを食べた人は、甘くて美味しいといった何らかの満足感を得るかと思いますが、経済学ではそれを効用と呼ぶのです。「効用最大化」とは、そのような、消費者が商品を消費して得られる満足度を最大にするような行動のことを指します。そして、そこに最大化という言葉が使われていることから、この問題にも微分の考え方を適用できることがわかります。しかしながら、ここでも、微分を使って効用最大化について理解するだけでは不十分であるといえます。なぜなら、利潤最大化のときと同じように、世の中にはかならずしも効用最大化をみずからの行動の目的としない消費者もいるからです。したがって、この場合も、現実のさまざまな問題を理解・解決するには、効用最大化という基礎知識を応用することが重要であることがわかります。

　このように、経済学の学習は、まず基礎を学び、続いてそれを応用することによって、その面白さがよりいっそう高まるといえるでしょう。その一方で、同様に大切なのは、微分のような数学の知識があれば、それがない場合とは違った世の中の見

方ができるということです。しかも微分の考え方がわかると、100m 走も、ハンドボール投げも、経済学も、微分という同じ考え方で理解できるので、応用が効いてとても楽ちんです。みなさんも、数学の知識を身につけて、ぜひ経済学の面白さを体感してみてください。

（若松　直幸・小立　哲也）

教科コラム⑬ ［外国語］ "cool heads but warm hearts"

「冷静な頭脳をもって、ただし温かい心をもって」いる学生を世の中に送り出したい、といったのはアルフレッド・マーシャルです。マーシャルは英国のケンブリッジ大学の教授で経済学者でした。マーシャルの弟子には高校の公共そして政治経済の教科書に出てくるジョン・メイナード・ケインズがいます。"cool heads but warm hearts" は、経済を学ぶ者がもつべき姿勢といわれ、日本の大学でも経済学の初回の授業で、この言葉の重要性について話をされる先生がいます。

マーシャルがケンブリッジ大学で教鞭をとり始めた、1880年代の英国は世界でもっとも繁栄していた国でしたが、国の発展に取り残された経済的弱者のことを考えていたことが "warm hearts" からわかります。この言葉は経済を研究する場合だけでなく他の学問についてもいえることです。すなわち、学問をする上で、"cool heads" をもつことは不可欠ですが、"warm hearts" がなくては人類の役に立つ研究にはならないかもしれません。さらには、ふだんの日常生活でも "cool heads but warm hearts" をもって行動をしていきたいものです。

マーシャルは経済学の定義について、以下のように述べています。
Political Economy or Economics is a study of mankind in the ordinary business of life. （訳：政治経済学あるいは経済学は、普通の生活をしている人間についての学問である。）

経済学はアカデミックで高尚なイメージがあるかもしれませんが、一般の人々の生活をよくするために身近なことを扱う学問であると解釈することもできます。このことを踏まえ、"cool heads but warm hearts" という精神で経済学に取り組めば、人類に還元できる可能性が高まるでしょう。

（森田　太郎）

　なぜ経済学の問題を文章だけでなく数学を使って考えるのでしょうか。数式（グラフ）を使うと何の役に立つのでしょうか。一国全体の経済を扱う授業で学ぶ消費関数で説明してみましょう。

　下の左側と右側には、シンプルな消費関数が数式とグラフの形で示されています。でも、いまはチラ見するだけで OK です。人々がモノを買わない（消費しない）と不景気になるといわれるように、消費が増える（減る）理由は景気を考えるうえでとても重要です。

　消費が増えるためには、お金（所得）が必要です。稼ぐお金（所得）が増えると、たくさん消費できます。でも、多くの人は稼いだお金を全部使わず、一部を将来のためにとっておく（貯金する）でしょう。そうすれば、所得がゼロになったときにも、生活に必要なモノを買えるからです。

　さあ、下の数式とグラフをみてください。所得が増えると消費も増えるけど、所得の全部が消費されるわけではなく、所得がゼロでも生きていくために一定の消費が生じる、ということが読み取れませんか。

　でも数式（グラフ）だけで現実の経済が完全にわかるとは思わないでくださいね。たとえば、将来が不安なとき、みなさんは所得が増えたからといって消費をいままでよりも増やしますか。

　経済の問題を数式（グラフ）で考えると、現実を大胆に切り取って一目でパッとつかむのに役立ちます。しかし、それだけでは表現しきれない複雑で多様な現実を忘れずに、数式（グラフ）の背後にある経済（人間の行動）の見方を理解することが大切なのです。

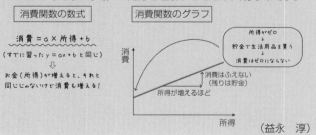

| 消費関数の数式 | 消費関数のグラフ |

消費＝a×所得＋b
（すでに習った y＝ax＋b と同じ）
お金（所得）が増えると、それと同じじゃないけど消費も増える！

所得がゼロ
↓
貯金で生活用品を買う
↓
消費はゼロにならない

消費

消費はふえない
（残りは貯金）

所得が増えるほど

所得

（益永　淳）

やっぱり経済学は
おもしろい!

1. いままでとは違った見方ができるとおもしろい

　この本のタイトルは「やっぱり経済学はおもしろい！」です。ここには、経済学は高度な理論や数学を駆使するだけの学問では決してないことを体感してほしい、という願いが込められています。

　この本を読む前は、「お金や株に関係ありそうだけど、そもそも経済学なんて知らんがな」という人も多かったでしょう。あるいは、「政経の経について数学を使って専門的に学ぶ経済学って難しそう」と思っていた人もいるかもしれません。そこから「やっぱり経済学はおもしろい！」へとイメージを変えてもらうことが、この本の目的でした。そのために、この本にはいくつかの仕掛けをほどこしました。どんな仕掛けだったのでしょうか。以下、その種明かしをしましょう。キーワードは**つながる**です。

■ 1つ目の仕掛け：日常生活と経済学が「つながる」

　1つ目の仕掛けは、この本では日常生活と経済学がつながるトピックを取りそろえました。大学教員が単独で書いた序章から第4章の5つの章のテーマを思い出してください。「吉野家のたまごの値段」、「SNS」、「コロナ禍の10万円の給付金政策」、「東京一極集中」、「男女の賃金格差」はどれも、私たちの暮らしにとって身近な問題です。

　すでにこれらの問題をニュースなどで知っている人もいるかもしれません。しかし、これらの問題を単に知識として知っているだけでなく、経済学的な視点から考えてみると、今までと

は違う見方ができます。

　吉野家のたまごは高いかという問題を機会費用の観点から考えると、高いに決まっているという第一印象とは別の見方が示せます【序章】。FacebookやAmazonのようなプラットフォーム企業が提供する投稿や売買の場所は、ネットワーク効果をつうじてSNS上の広告にはかり知れない影響力を与えます。このことは、SNSの利用者目線からはわからないことです【第1章】。お金持ちにも10万円を給付することは、一見するとおかしいと感じるかもしれません。しかし効用関数で考えてみると、「お金持ちにも10万円を配るの？」という批判は必ずしも当たらないことが理解できるでしょう【第2章】。通勤ラッシュの満員電車に乗っていると、東京一極集中はダメだと思うかもしれません。しかし、集積のメリットを考えると、東京一極集中の問題はそれほど単純ではありません【第3章】。差別意識ではなく統計的差別から生じる男女の賃金格差は、女性だけでなく企業にとっても望ましくない状態をもたらします【第4章】。これらはどれも、ニュースの知識だけでは得られない経済学的な視点でしょう。

　こうして経済学は、日常生活と密接につながっており、しかも日常生活の諸問題を普通の人とは違った角度からとらえることを可能にします。その意味で経済学は、普通の常識にとらわれずに日常生活の諸問題をみたり、考えたりするための道具です。

■ いままでと違った見方は何の役に立つのか？

　では、常識とは違った見方ができると何の役に立つのでしょ

うか。経済のほぼすべての問題は正解がないか、正解が1つとは限りません。子どもが少なくて高齢者がたくさんいる日本の社会保障をどうするか。政府が使うお金がたくさん必要なとき、税金（増税）と借金（国債）のどちらがお金を集めるよい方法か。こうした問題は、どの立場（若者、高齢者、家計、企業、政府など）、またはどの理論（市場の働き重視か政府の役割重視かなど）から考えるかによって、答えが異なります。序章の吉野家のたまごの例のように、経済の問題は前提や仮定を変えて考えると、答えが変わってくるのです。

　つまり経済の問題は、1＋1＝2のようにだれが考えても正解が1つというわけではないし、普通の常識的な見方が正解とも限りません。そのため、経済の問題に対しては、いろいろな見方・考え方をみんなで持ち寄って、少しでも正しいと思える答えに近づいていくしかありません。正解がないか、正解が1つとは限らないからこそ、常識とは違う見方が役に立つのです。

　以上のことは、会社や家庭の問題にも当てはまります。つまり、この本によって常識とは異なる見方にふれることは、経済や会社や家族という人々の集まりのなかで起こる日常生活の問題全般に役立つでしょう。

　1つの正解がないと落ち着かないという人は、こう考えてみてはいかがですか。世の中にはいろいろな見方・考え方があります。そうした多様な見方・考え方を尊重しあう方向に社会は動いています。ある見方・考え方だけが正解だからみんなそれに合わせなさいといわれたら、嫌じゃないですか。常識とは異なる見方を大切にすることは、多様性を認めあうことにもつな

がります。

　日常生活の問題を経済学的な視点からみると常識とは違った見方ができることをこの本をつうじて実感できたら、経済学が少しおもしろくなってきませんか。

2. 高校の勉強から経済学をはじめたらおもしろい

　しかし高校生の場合、東京一極集中や男女の賃金格差の問題は、将来的にはともかく、いまの自分にはあまりつながらないと感じるかもしれません。そして大学教員が高校生のために身近に思える経済問題についてわかりやすく説明した本ならば、すでにいくらでもあります。

　でも、そこからさらに進んで、高校生にとってもっとも身近な高校の勉強とつなげて経済学のおもしろさを語ろうとしたところに、この本の（他の本にはない）最大の特徴があります。それがこの本のサブタイトル「高校の勉強ってどう役立つの？」に込めた意味です。そこで、この本の次の仕掛けとなります。

■ 2つ目の仕掛け：高校の地歴公民・数学と経済学が「つながる」

　2つ目の仕掛けは、この本では高校の勉強と大学の経済学がつながるように内容を組み立てました。それが、高校教員と大学教員でタッグを組んだ地歴公民・数学に関する第5章から第9章の5つの章です。高校生にとって、学校の授業は日常生活そのものではないでしょうか。しかも高校生が地歴公民・数学の授業で習うことは、テストや受験が終われば役に立たなくなるわけではありません。考えようによっては、大学で学ぶ

経済学は高校の勉強と地続きであり、高校生にとっても非常に身近な学問になりえます。高校教員と大学教員のチームが書いた5つの章には、こうした思いが込められていました。

　時事問題を扱う政治・経済の勉強は、基本的人権ともからむコロナ禍の問題を実験によって考察する可能性に目をひらかせてくれます。事実、最近では、社会や経済で実験はできないので歴史を実験に見立てて人間社会の理解に役立てるというやり方に加えて、実験的手法を用いて社会や経済を理解しようとするやり方も注目されています【第5章】。日本史における江戸時代の幕末開港の知識があるからこそ、情報の非対称性から起こる問題をリアルに感じられます。と同時に、当時の倒幕運動の強力なエネルギーを理解するための別の見方ができるでしょう【第6章】。

　世界史の大航海時代に関する知識は、取引費用や貨幣数量説とつなげると、企業の存在理由や物価の問題を理解する手がかりになります。その結果、現在の資本主義へと向かう大きな転換点として大航海時代をとらえる見方を知れるでしょう。日本史の章と同じく、モノとカネの動きは社会、さらには歴史そのものを変える力を秘めているのです【第7章】。地理でSDGsを習わなければ、潜在能力アプローチによるお金の問題に限定されない貧困の多面性を実感できませんし、世界の各地域の貧困のとらえ方も変わりません【第8章】。数学で微分の考え方を学ぶと、それを知らない場合よりも刻々と変化する経済を正確に把握できるだけでなく、複雑で多様な現実の経済を分析する出発点となります【第9章】。

　このように経済学は、高校の地歴公民・数学の勉強とつな

がっており、高校の勉強があるからこそ経済学のおもしろさも
いっそう味わえるのです。

　では、経済学を学ぶときには高校の地歴公民・数学の勉強だ
けが役立つのでしょうか。決してそうではありません。そこ
で、この本のさらなる仕掛けです。

■ 3つ目の仕掛け：高校の全教科と経済学が「つながる」

　3つ目の仕掛けは、地歴公民・数学以外の教科も経済学につ
ながることを示すために、この本には高校の全教科のコラムを
挿入しました。しかも、実際に現場で教えている高校教員が中
心になって書いたコラムです。これらを読めば、政治・経済の
後半部分（政経の経）だけでなく、高校の全教科と経済学がつ
ながることを感じとれるはずです。

　住居の間取りからは、各時代の経済社会の状況を読み取るこ
とが可能でした【教科コラム⑤［歴史］】。映えるインスタ
は、企業の視点からみると有力な広告になりえます【リレーコ
ラム①】。住居の間取りに透けてみえる家庭と職場の関係のあ
り方や広告をつうじた企業の販売活動は、経済学が扱うテーマ
の一部です。歴史までを含めて社会変化ととらえると、モネの
作品のなかに当時の（そして今につながる）経済や日常生活の変
化が読み取れるでしょう【教科コラム⑨［芸術］】。昔の有名
な経済学者の英語の文章によれば、経済学は日常からかけ離れ
た問題を扱うのではなく、普通の生活を営む人間に関する学問
でした【教科コラム⑬［外国語］】。

　保健体育をつうじて運動や健康の理解を深めれば、それが将
来の医療保険や介護保険の費用の抑制につながります。保険料

や税金を多く払わずに済むほど、手もとに残るお金は増えて暮らしが楽になるでしょう【教科コラム③［保健体育］】。また、生活で生じる食品ロスやゴミ排出を自分の問題として考える人が多くなるほど、環境への負荷は小さくなります【教科コラム②［家庭］】。自分事としてとらえて行動することが環境問題の解決の第1歩になることは、地理で習うSDGsでも当てはまります【教科コラム⑩⑪⑫［地理］】。

　もちろん、経済の問題を客観的にとらえるためには、経済にかかわるさまざまな数量を正確に計量し【教科コラム⑧［理科］】、統計データを適切に利用する理数的な力も必要です【教科コラム④［理数］】。こうした力によって、環境問題に関するそれまでの常識がひっくり返ることもあります【教科コラム⑥［情報］】。数式やグラフの使用は問題のポイントをつかむのに便利ですが、それだけでは表現しきれない現実経済の複雑さ・多様さも忘れてはいけません【教科コラム⑭［数学］】。

　日本のような民主主義の国では、人々の自由や幸福追求のために考えや価値観の異なる人々と対話を積み重ね、環境や社会保障の問題を解決しなければなりません。そのためには、多数決の問題点を知り【教科コラム⑦［公共］】、自己表現力と自分とは違う意見や価値観をもつ他者の主張を正確に解釈する力が必要になるでしょう【教科コラム①［国語］】。しかも、他人の話や文章の意図を正確に解釈することは、それほど簡単ではないこともあります【リレーコラム②】。

　この本を読む前だったら、政経と数学を除く高校の勉強は経済学と関係ないと思う人が大半だったかもしれません。しかし、実際に高校生に教えている現場の教員が中心になって書か

れたコラムだからこそ、経済学とは無関係だと思い込んでいた
教科にも経済学との意外なつながりがあることを感じ取れた人
もいるのではないでしょうか。そういう気づきも、「やっぱり
経済学はおもしろい！」というイメージに高校生を変える理由
の１つになると信じています。

3. 高校の勉強への姿勢も変わる

　高校で習う全教科がとらえ方次第で経済（学）につながると
いうことを少しでも感じられたら、今度は、高校の勉強への姿
勢も変わってきませんか。自分のもっている知識が新しい知識
とつながって、これまでとは別の見方ができるようになると、
おもしろいという感じが生まれます。この本は、高校の勉強
（自分のもっている知識）が新しい知識（経済学の考え方）とつな
がって、これまでとは別の見方（経済学的な見方）ができること
を示してきました。

　ということは、高校の授業から多くを吸収するほど、大学で
学ぶ新しい知識とつながる機会が増え、人とは違う見方ができ
る可能性が広がるはずです。ここで、知識の一定の暗記は必要
だけど、その知識を活用しないと（別の知識とつなげないと）宝の
持ち腐れ、というコラムの内容が記憶のなかによみ返ってきま
せんか【リレーコラム⑤】。

　用語の暗記が苦手という人には、前に出てきた用語がその後
にも、しかも違う話の流れで出てくると、頭に定着しやすいか
もしれません。この本では、こうした工夫もされています。

　たとえば、この本には、希少性という用語が出てきました。

この希少性は、大航海時代を経済学的に読み解く鍵である【第7章】と同時に、なぜ経済学を勉強するかの理由でもありました【リレーコラム④】。また、情報の非対称性という用語も出てきましたね。この情報の非対称性は、幕末期における国内経済の混乱から明治維新への動きを理解する鍵である【第6章】と同時に、男女の賃金格差を生み出す統計的差別の背景でもありました【第4章】。つまり、歴史の問題と現在の問題が情報の非対称性という同じ経済学の考え方によってつながります。他にこういう用語がなかったか、記憶をたどってみてください。

　頭に定着させた用語を知識として活用することが応用です。もしも応用は苦手という人がいたら、まず応用例にふれることからはじめてみましょう。そのために、この本では、高校で勉強した知識を別の知識とつなげて活用する応用例が紹介されているのです。こうした応用の例つまりパターンを自分のなかにストックし、今度はそれを他の場面で自分なりに真似してみることが、（人によって早い遅いはありますが）自分で応用ができるようになるためのコツです。

■ 勉強は教科書を丸暗記すればOK？

　歴史総合の教科書に関するリレーコラムを読んだ感想はいかがでしたか。同じ歴史総合でも教科書がたくさんあるんだな、ということに驚いた人もいるかもしれません。現在、歴史総合の教科書は全部で12冊もあります。高校生のみなさんが学校で使っている教科書は、そのうちの1冊にすぎません。

　この事実をふまえると、自分が使っている教科書を丸暗記すれば勉強が終わり、じゃないことがわかります。しかも、どの

会社の歴史総合の教科書を使うかについては、高校によっていろいろな考え方がありました。

　ある高校は歴史の大まかなストーリーと現在の諸問題とのつながりを重視し、他の高校は探究に役立つ充実した問い・資料を魅力的と考え、別の高校は単一の地域・国を越えた地球規模の変化の広がりを生徒自身で学べることに力点を置き、さらに別の高校は高度な内容と物事をいろいろな角度からみる力の習得を目指して、歴史総合の教科書を選定していました【リレーコラム⑤〜⑧】。

　教科書の選定についても、教科書に何を求めるかという前提・仮定を変えれば、どの教科書にすればよいのかという問題の答えが変わるのです。同じことは、歴史総合だけでなく、どの教科についてもいえます。高校によって違う会社の教科書が使われている以上、自分の高校の教科書だけを丸暗記すればその教科の勉強は終わり、ということにはならないでしょう。

　もちろん、各教科の（自分の高校の）教科書からしっかり学ぶことは大切です。高校の勉強を「せめてこれだけは大学に行く前に学んだほうがいい」という栄養バランス満点の定食にたとえたコラムをおぼえていますか【リレーコラム③】。栄養バランスがよい定食とは、経済学を含めた大学のどんな学問ともつながることができる選りすぐりの内容を詰め込んだ定食のことです（みなさんの中には、栄養バランス度外視の食事のほうに魅力を感じる人もいるかもしれませんが）。この本では、こうした栄養バランスのとれた定食が経済学とどうつながるかを示してきました。

4. 「つながる」から「つなげる」へ

　新しい知識の獲得は大学卒業後も続きます。その意味で勉強は、最初のうちは味気なく感じることもあるけど、続けるほどいろいろとつながっておもしろくなる可能性を秘めています。高校の勉強の賞味期限は、定期試験や大学受験が終わっても決して切れません。むしろこの本で試みてきたような、生涯にわたって賞味期限が切れない勉強の活かし方もあるのです。

　大学入学後の過ごし方には1〜2億円の機会費用が存在する、という序章の話を思い出してください。機会費用という考え方を使うと、たしかにそのとおりでしょう。ただし、この主張の背後には、大学へ行くことの価値をお金の観点（機会費用）ではかるならば、という前提・仮定がひそんでいます。しかし、大学時代の生活や学びの価値はお金だけではかれるものでしょうか。これを読みながら、お金を越える価値がある（かもしれない）とぼんやりとでも思えたら、この本の目的は達成されたといえるでしょう。

　いままでの知識と新しい知識がつながると、どのように別の見方・とらえ方が可能になるか。この本では、経済学を例にとってそれを示してきました。法学系、商学・経営学系、理工系、文学系、国際系、情報系などの大学で学ぶ他の学問についても、同じ試みができるはずです。また、経済学だけに限定しても、いままでの知識（高校の勉強）と新しい知識（大学の学び）との、この本では説明していない違うつなげ方が無数に存在するはずです。

　この本を読み終わったら、今度はみなさん自身でどんなつな

げ方（応用の仕方）があるかを考えてみましょう。つながる経験
だけでなく、自分でつなげる経験をしていくと、きっとみなさ
んはこう思うはずです。

　「やっぱり経済学はおもしろい！」

（益永　淳）

あ と が き

　「経済学ってお金のこと？」「数式ばかり出てくる学問？」こうした誤解を解いて、経済や経済学に興味をもつ高校生を少しでも増やしたい。そのような思いで『高校生からの経済入門』を出版したのが 2017 年の夏でした。その第 2 弾を作ろうということから始まったのが本書です。もっとも、単に『高校生からの経済入門』第 2 版とするのではなく、まったく新しいコンセプトで作ってみることにしました。それが、大学で経済学を研究する教員と、高校で多様な科目を専門とする教員とによるコラボレーションです。両者が協力して執筆したら、他に類書のないユニークなものが生み出されるのではないか。そして、大学の経済学部への進学を考えている高校生だけでなく、これから何を勉強しようか迷ったり、高校の勉強と大学の勉強とのつながりに悩んだりしている多くの高校生にとっても、きっと意味のあるものになるのではないか。そのような期待を込めてみました。その結果、本書は 32 名もの執筆者で書かれることになりました。

　執筆で第 1 に心がけたのは、とにかくわかりやすく書くことです。どれほど高い理想を掲げても、またどんなに高度な内容を扱っても、読んで伝わらなければ賛成も反対も疑問も生まれません。そこで執筆者会議を繰り返し、互いに入念なすり合わせをおこないました。また提出された原稿は、できる限り誰が読んでもわかるように、何度も修正を重ねて完成させました。

さて、こうして、大学の経済学研究者と高校の全教科の教員とのコラボレーションによる本書の特徴は、やはりその多様性です。本書のねらいや仕掛けは終章で詳しく書かれているので、ここでは繰り返しは避けたいと思います。ただ、1点だけ再度強調するならば、それはやはり経済学は答えが1つではなく、それ自体が多様性をもった学問であるということでしょう。

　第3章で、従業員を10人から20人に増やしただけなのに、車の生産台数が10台から40台へと4倍に増える規模の経済の例がありました。これに対して第9章では、労働者の数が増えるにつれて、追加の商品にかかる費用がだんだんと増加していく例がありました。いったい、労働者を増やしたとき、より効率的に少ない費用で生産ができるのか、それとも次第に手間が増えて、より大きな費用がかかってしまうのか、そのどちらなのでしょうか。1つの本のなかでさえ、逆のことをいっています。しかし、経済学ではどちらも正しいですし、また、一方の前提に立てば他方の見方は間違っているともいえるのです。

　第7章の最後でも、物価上昇という1つの現象が、消費者からみれば生活苦でも、経営者にとっては事業拡大のチャンスだということが紹介されていました。立場によっても正解が異なるのが経済学です。さらに、外国語コラムでは、「政治経済学あるいは経済学は、普通の生活をしている人間についての学問である」というマーシャルの経済学の定義が紹介されていました。ここには、「政治経済学（Political Economy）あるいは経済学（Economics）」と、2つの名称が並んでいます。どうやら、一

口に「経済学」といっても、少なくとも2つの考え方が並存しているらしいことを、予想させます。

こうして、経済学は、簡単に1つの正解が出るような学問でもなく、1つの考え方に収れんするような学問でもありません。しかし、この多種多様な見解を学ぶことこそ、テレビやインターネットなどの「見解」であっても、それを鵜呑みにしない知識と判断力、思考力を身に付けることにつながるはずです。将来、社会に出て行ったとき、答えが1つでないような状況に直面することは数知れません。そのとき、たしかな知識と考え方の道筋を使って、自分で徹底的に考えて、そのうえで判断することは、とても重要なことです。

そして、みなさんには、さらにその先へと進んでほしいと思います。たとえば、先ほどのように、物価上昇をよいものと考える立場がありました。しかし、物価が上昇すると消費が落ち込んで、景気が悪くなる恐れもあります。そこで、物価上昇を食い止めるべきだという立場も当然生まれてきます。たとえば、現在、アメリカやヨーロッパの中央銀行は、物価を抑えるために、同じ第7章でみた貨幣数量説も踏まえて、貨幣の量を減らそうと試みています。

ところが、貨幣の量が減ってモノやサービスの価格が下がるのはねらい通りとしても、株式や国債といったものを買おうとする貨幣の量まで減らしてしまって、これらの価格まで下がってしまう可能性があります。株式とは会社が人々から資金を集めるために発行したものです。国債とは国が人々から資金を借りるために発行したものです。現代では、多くの銀行や企業もこれらを大量に買ってもっています。しかし、これらの価格が

下がるというのですから、すでにこれを買ってしまっていた銀行や企業は、その値下がり後には、それを買ったときより安い価格で売るしかなくなります。その結果、大きな損失を被り、時には倒産してしまいます。ここから景気が悪化する恐れもあります。実際、世界は、これまで何度もこの同じ道筋で景気が悪くなった経験をもっています。

　さて、ここまでくると、もはや物価上昇をよいと考える立場も、逆にそれを阻止しようとする立場もいずれも正しくなく、どちらを選んでも景気が悪くなるという、より難しい局面にぶつかることになります。しかし、ここにこそ、なぜ、現代の社会は、このどちらを選んでも対処できないような困難な事態を招いてしまうのか、しかも、なぜ社会は、人々や企業、政府の希望や期待とは異なる方向へと勝手に動いてしまうのかという、経済学が解明すべき、より踏み込んだ課題があります。

　こうした一歩踏み込んだ難しい問題に遭遇したとき、自分で考えられるようになることは、本書を読まれたみなさんがその後に取り組んでほしい大きな課題です。この課題に挑戦するとき、「やっぱり経済学はおもしろい」から、「経済学はもっとおもしろい」となってくれたら、とても嬉しく思います。

　本書がなるにあたって、中央大学には、32名もの大学教員と高校教員によるコラボレーションという前例のない企画を認めていただき、多大な支援を提供していただきました。附属の中学校・高等学校の校長・副校長・教頭の各先生方には、それぞれ所属する多くの教員が本書に加われるよう、ご理解とご協力を賜りました。経済学部と各校の事務室のみなさんには、執筆

者会議の準備から連絡・調整などの業務まで引き受けていただきました。そして出版部には、『高校生からの経済入門』に続き、今回もプロジェクト全体を支え、導いていただきました。他にも本書に関わって下さったすべての方々の協力なくして、その実現はありえませんでした。記して心より感謝申し上げます。

2023 年 5 月 3 日

　　　　　　　　中央大学経済学部長　佐藤　拓也

執筆者紹介（五十音順）

佐藤拓也［さとう・たくや］
中央大学経済学部　（あとがき担当）

赤羽　淳［あかばね・じゅん］
中央大学経済学部　（第1章担当）

磯﨑達朗［いそざき・たつろう］
中央大学附属横浜中学・高校　（第6章担当）

上井恒毅［うわい・つねき］
中央大学高校　（リレーコラム⑥担当）

大塚　圭［おおつか・けい］
中央大学杉並高校　（第8章・教科コラム⑪［地理］担当）

大橋里沙子［おおはし・りさこ］
中央大学附属中学・高校　（教科コラム⑨［芸術］担当）

大矢太郎［おおや・たろう］
中央大学附属横浜中学・高校　（教科コラム⑧［理科］担当）

岡田充功［おかだ・みつのり］
中央大学附属横浜中学・高校　（第6章担当）

岡本千草［おかもと・ちぐさ］
中央大学経済学部　（第3章担当）

小立哲也［おだち・てつや］
中央大学高校　（第9章担当）

小尾晴美［おび・はるみ］
中央大学経済学部　（第4章担当）

北島咲江 ［きたじま・さきえ］
中央大学附属中学・高校 （第8章・教科コラム⑩［地理］担当）

久保田 誠 ［くぼた・まこと］
中央大学高校 （教科コラム⑥［情報］担当）

駒ヶ嶺泰暁 ［こまがみね・やすあき］
中央大学杉並高校 （リレーコラム②担当）

齋藤和可子 ［さいとう・わかこ］
中央大学附属中学・高校 （教科コラム②［家庭］）

柴 泰登 ［しば・やすと］
中央大学附属横浜中学・高校 （第7章・リレーコラム⑧担当）

瀧澤弘和 ［たきざわ・ひろかず］
中央大学経済学部 （第5章担当）

滝沢宏行 ［たきざわ・ひろゆき］
中央大学高校 （教科コラム③［保健体育］担当）

武田 勝 ［たけだ・まさる］
中央大学経済学部 （序章・第2章・リレーコラム④担当）

辰見 憲 ［たつみ・けん］
中央大学杉並高校 （教科コラム④［理数］担当）

田中 光 ［たなか・ひかる］
中央大学経済学部 （第6章担当）

仲森友英 ［なかもり・ともひで］
中央大学高校 （リレーコラム③担当）

新嶋 聡 ［にいじま・さとし］
中央大学杉並高校 （リレーコラム⑦担当）

林 光洋［はやし・みつひろ］
中央大学経済学部　（第8章・教科コラム⑫［地理］担当）

林 晟一［はやし・せいいち］
中央大学附属中学・高校　（リレーコラム⑤担当）

古澤康久［ふるさわ・やすひさ］
中央大学附属中学・高校　（教科コラム⑤［歴史］・リレーコラム①担当）

増川明彦［ますかわ・あきひこ］
中央大学附属横浜中学・高校　（教科コラム①［国語］担当）

益永 淳［ますなが・あつし］
中央大学経済学部　（第7章・終章・教科コラム⑭［数学］担当）

森田太郎［もりた・たろう］
中央大学附属中学・高校　（教科コラム⑬［外国語］担当）

山村和世［やまむら・わせい］
中央大学附属中学・高校　（第5章担当）

若林幹也［わかばやし・みきや］
中央大学高校　（教科コラム⑦［公共］担当）

若松直幸［わかまつ・なおゆき］
中央大学経済学部　（第9章担当）

やっぱり経済学はおもしろい！
―高校の勉強ってどう役立つの？―

中央大学経済学部 編

2023 年 7 月 31 日　初版第 1 刷発行
2024 年 2 月 20 日　初版第 2 刷発行

編　者　　中央大学経済学部

発行者　　松本　雄一郎

発行所　　中央大学出版部
　　　　　〒192-0393　東京都八王子市東中野 742-1
　　　　　電話：042-674-2351　　FAX：042-674-2354
　　　　　http://up.r.chuo-u.ac.jp/up/

印刷・製本　　藤原印刷株式会社